나를 바꾸는 네 가지 원칙

나를 바꾸는 네 가지 원칙

발행일	2025년 4월 22일
지은이	김지윤, 최홍미, 김정훈, 연미영, 강성희, 홍성화, 양지욱, 최경희, 조경희, 김정후, 황상열
펴낸이	손형국
펴낸곳	(주)북랩
편집인	선일영
편집	김현아, 배진용, 김다빈, 김부경
디자인	이현수, 김민하, 임진형, 안유경
제작	박기성, 구성우, 이창영, 배상진
마케팅	김회란, 박진관
출판등록	2004. 12. 1(제2012-000051호)
주소	서울특별시 금천구 가산디지털 1로 168, 우림라이온스밸리 B동 B111호, B113~115호
홈페이지	www.book.co.kr
전화번호	(02)2026-5777
팩스	(02)3159-9637
ISBN	979-11-7224-589-4 03190 (종이책) 979-11-7224-590-0 05190 (전자책)

잘못된 책은 구입한 곳에서 교환해드립니다.
이 책은 저작권법에 따라 보호받는 저작물이므로 무단 전재와 복제를 금합니다.
이 책은 (주)북랩이 보유한 리코 장비로 인쇄되었습니다.

(주)북랩 성공출판의 파트너

북랩 홈페이지와 패밀리 사이트에서 다양한 출판 솔루션을 만나 보세요!

홈페이지 book.co.kr • **블로그** blog.naver.com/essaybook • **출판문의** text@book.co.kr

---

작가 연락처 문의 ▶ ask.book.co.kr

작가 연락처는 개인정보이므로 북랩에서 알려드릴 수 없습니다.

평범한 사람들이 증명한 변화의 공식

나를 바꾸는 네 가지 원칙

김지윤 최홍미 김정훈 연미영 강성희 홍성화
양지욱 최경희 조경희 김정후 황상열 지음

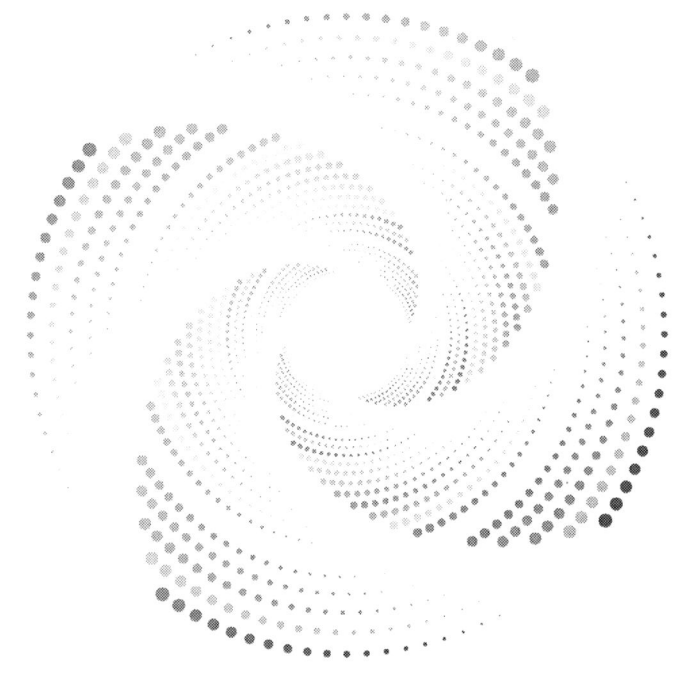

북랩

> 프롤로그

**중년 이후 자신의 삶을 바꾸고 싶다면
이 4가지 원칙을 기억하자**

몇 년 뒤, 곧 지천명을 바라보는 50살이 된다. 벌써 태어나서 50년 가까이 살았다니, 놀라웠다. 지난 주말, 오랜만에 동네 서점을 찾았다. 마흔 후반을 지나고 있다 보니 '중년', '마흔' 키워드가 들어간 책이 눈에 많이 들어온다. 또 인문학이나 철학에 관심이 많다 보니 그런 종류의 책을 주로 읽고 있다.

중년의 나이를 다시 한번 검색했다. 보통 마흔 이후부터 일흔 이전 사람을 중년이라고 일컫는다. 내가 스스로 정의한 내용이 아니고, 참고 문헌에서 인용했다. 마흔이 지나면 보통 사람들은 자신의 인생을 돌아보게 된다. 사회가 정해 놓은 규칙에 따라 잘 배우고 따르면서 살아왔는데, 인생이 참 지치거나 힘들다. 자신이 원하는 대로 살 줄 알았는데, 중년의 나이가 되면 인생은 자신 마음대로 되지 않는다는 사실을 깨닫게 된다.

가족을 위해 희생하면서 자신이 없는 삶을 살게 된다. 내가 무엇을 좋아했는지, 어떤 목표와 꿈을 가지고 있었는지 등이 희미해진다. 현실과 이상의 괴리가 찾아온다. 이럴 때 방황하기 시작한다. 먹고사는 문제가 흔들리게 되는 현실이 힘들어지면 내가 꿈꾸는 목표와 꿈은 뒷전이 된다. 이래저래 중년이 되면 여러 현실적인 문제에 부딪히면서 하루하루 살아간다.

제대로 살고 있는지 헷갈린다. 앞으로 남은 인생을 어떻게 살아야 할지 또 고민해야 한다. "인생은 죽을 때까지 고통"이라는 쇼펜하우어의 말을 요새 참 공감하고 있다. 인생이 고통이라면 이제 남은 인생이라도 내가 원하는 삶을 살아야겠다고 결심한다. 그런데 방법을 모르겠다.

이 시기가 어떻게 보면 자신을 돌아보는 가장 좋은 기회가 될 수 있다. 방법을 찾기 위해서는 스스로 질문해야 한다. '앞으로 어떻게 살아야 할까?', '직장을 그만두고 나만의 사업을 시작할까?' 등으로 시작하자. 이렇게라도 실제로 자신에게 질문하면 앞으로 진로 결정에 많은 도움이 된다.

중년은 과거의 무게와 미래의 가능성이 만나는 중요한 시기다. 많은 이들에게 이 시기는 목적, 성취 그리고 유산에 대한 질문을 던지는 시점이 된다. 이루지 못한 꿈은 무엇인가? 어떤 도구가 아직 우리 손에 쥐어지지 않았을까? 삶을 우리의 이상과 조화롭게 만들기 위해 어떤 습관을 길러야 할까? 그리고 이 새로운 장을 헤쳐 나가기 위해 필요한 결단은 무엇인가?

이제는 삶의 끝이 아니라 새로운 시작을 알리는 나이다. 하지만 진정으로 이 변화를 시작하려면 네 가지 원칙을 기억해야 한다. 꿈, 도구, 습관 그리고 결단.

꿈은 나이에 상관없이 우리가 원하는 미래를 상상하고, 그것에 대한 설렘을 느끼도록 해 준다. 어린 시절의 열정을 되찾든, 성공의 새로운 정의를 내리든, 꿈은 앞으로 나아갈 길을 밝혀 준다. 꿈은 일상을 모험으로 바꾸고, 일상에 묻힌 목적의식을 되살려 준다.

도구는 우리의 성장을 돕는 수단이다. 새로운 기술을 배우고, 필수적인 역량을 개발하는 도구는 현재의 자리와 목표하는 자리 사이의 간극을 메워 준다. 디지털 시대에, 간단한 도구—예를 들어 일기를 쓰는 앱이나 온라인 학습 플랫폼—조차도 무한한 기회를 여는 열쇠가 될 수 있다.

습관은 지속 가능한 변화를 만들어 내는 건축가와 같다. 매일 실천하는 작은 행동들은 우리가 원하는 삶을 구축하는 토대가 된다. 성찰, 감사, 자기계발 같은 습관을 통해 우리는 회복력과 성장을 위한 기반을 다질 수 있다.

마지막으로, 결단은 우리를 앞으로 나아가게 하는 동력이다. 이는 어려움이 닥칠 때 우리의 인내를 북돋고, 의심 속에서도 흔들림 없이 나아가게 만든다. 결단은 꿈을 현실로, 도구를 숙련으로, 그리고 습관을 확고한 힘으로 변모시킨다.

이 책은 이러한 원칙들을 받아들인다. 중년 이후의 삶에서 기쁨과 가능성을 다시 발견하도록 초대하는 안내서다. 각 장에서는 꿈, 도구, 습관, 결단이 지닌 변혁적 힘을 경험할 수 있도록 이야기, 전략, 성찰을 담았다. 함께 스스로를 재발견하고, 앞에 펼쳐진 무한한 가능성을 열어가는 여정을 시작하자.

여러분의 가장 멋진 시기는 지나간 것이 아니라, 지금 손 닿을 수 있는 곳에 있다. 이 책을 통해 많은 사람이 네 가지 원칙을 나침반 삼아 의미 있고, 성장하며, 충만한 인생을 만들면 좋겠다.

2025. 4.
저자 **황상열**

차례

프롤로그 4

1장 내가 이루고 싶은 꿈

나의 영혼에 물 주기 김지윤	14
인생 2막, 꿈을 찾은 나 최홍미	18
매번 꿈은 변해도 본질은 하나다 김정훈	21
마침표가 아닌 쉼표 연미영	25
예쁜 할머니를 꿈꾼다 강성희	29
이름값 하며 살기로 했다 홍성화	32
어린 시절의 꿈이 내 삶의 나침반 되다 양지욱	37
글 쓰는 할머니로 살아갈게 최경희	43
다시 태어나도 난 너희의 선생님이 될 거야! 조경희	48
삶을 바꾸는 시간, 매일 5% 김정후	53
당신은 어떤 미래를 보고 있습니까 황상열	57

2장 내가 활용하는 도구

나의 오랜 벗 김지윤	62
새로운 나를 만드는 1% 변화의 법칙 최홍미	66
기록하는 만큼 이룬다 김정훈	69
최고의 투자는 나 자신을 위한 투자다 연미영	74
마인드맵의 마법 강성희	78
아픔도, 성장도, 시작은 읽고 쓰기였다 홍성화	81
기록이 시작이다 양지욱	86
나를 만들어 가는 것들 최경희	91
감사로 시작한 최고의 하루들이 답이었다 조경희	94
현상과 본질 김정후	97
글쓰기는 진짜 나를 만날 수 있는 도구이다 황상열	101

3장 지금의 나를 만들어 준 습관

매사에 감사하기 김지윤	106
흔들림 없는 나를 위한 선택 최홍미	110
일찍 시작하면 달라지는 것들 김정훈	113
좋은 습관이 내가 된다 연미영	117
우선순위 실행하기 강성희	121
'작은 정성'으로 그린 인문학 홍성화	124
새벽 4시의 힘 양지욱	129
진짜 인생은 어른이 되어서 좋은 습관과 함께 최경희	135
아침 루틴으로 당당하게, 자신 있게! 조경희	139
끈기라는 아이 김정후	142
글쓰기 습관을 기를 수 있는 좋은 5가지 방법 황상열	146

4장 이것만큼 꼭 해야 했던 결단

1년의 쉼 김지윤	152
꿈을 이루는 마스터키 최홍미	157
책을 쓰면서 변하기 시작하다 김정훈	159
지금 이 순간, 행복하자 연미영	164
길이 없으면 내가 만든다 강성희	167
고독도 선택이다 홍성화	171
몸이 먼저다 양지욱	176
나를 구원할 계절 최경희	181
평범한 세 아이 엄마가 학원장 역할까지 하며 이룬 감동의 순간들! 조경희	183
책을 쓰면서 변하기 시작하다 김정훈	190
지금 인생이 힘들다면 이 방법으로 결단해도 좋다 황상열	193

에필로그	197

1장

내가 이루고 싶은 꿈

나의 영혼에 물 주기

김지윤

'꿈'이라는 주제의 글을 구상하며 항상 새 학년이 시작되면, 학생들에게 그 해의 버킷리스트를 적고 정성껏 꾸며 교실 앞면에 줄지어 전시하곤 하면서도 막상 난 버킷리스트를 작성해 본 적이 없다는 것을 깨달았다. 새해가 시작되는 그 순간, 타종 소리를 들으며 두 손을 모으고 기도했던 계획들이 그 해가 끝나고 다시 시작되면 그대로 반복되는 과정을 몇십 년 겪어서일까? 어차피 작심삼일이 될 다짐들을 되새겨 보는 것조차 귀찮아진 걸까?

그래서 우선 나만의 버킷리스트를 나 자신에게 제대로 물어보고 싶어졌다. 버킷리스트에 관한 영화를 찾아보고, 책들을 읽으며 나의 꿈 목록도 하나씩 늘어 갔다. 길을 걷다 번뜩 생각이 나 멈춰 서서 핸드폰을 꺼내 나에게 보내는 카카오톡 메시지로 적어 놓기도 하고, 다른 사람의 버킷리스트가 무엇인지 물어보기도 하며, 그 꿈들이 이루어졌다는 상상만으로도 도파민이 흘러넘치는 것을 느끼며, 조금은 당황했다. 나는 이렇게 하고 싶고, 배우고 싶은 게 많은 사람이었구나, 아직 도전할 일들이 많이 남았으니 이번 생에 오래 건강하게 살면서 몇 가지 꿈이라도 꼭 이루고 싶어졌다.

지금 이 순간 이 글을 읽고 있는 당신도 한번 속는 셈치고 자신만의 꿈 목록을 진지하게 작성해 보기를 권하며, 아직 꿈 많고 사랑받고 싶어 하는 50대 여성의 버킷리스트를 소개한다.

〈배우고 싶은 것〉

1. 내가 만족할 만큼의 영어 실력 갖추기(프리 토킹은 기본)
2. 자동차 운전해 보기(면허증은 있으나 실제 도로에서 한 번도 운전해 본 적 없음)
3. 내가 좋아하는 곡 피아노로 능숙하게 연주하기(짐노페디 1번)
4. 발레, 뜨개질, 미싱 배우기

〈여행하고 싶은 곳〉

5. 세계의 여러 도시를 돌며 각 도시에서 한 달 이상 살아 보기
6. 사랑하는 사람과 영국 여행 하기
7. 유럽 배낭여행 하기
8. 공지영의 책 『수도원 기행』에 소개된 수도원들 가 보기

〈만나고 싶은 사람들〉

9. 꽉꽉 막힌 해피 엔딩을 맞이하고픈 사랑
10. 내 최애 연예인과 마주 앉아 대화하기

11. 첫사랑을 스쳐 지나가며 만나기
12. 너에게 사랑한다는 말 듣기

〈나의 장래 희망〉

13. 외국으로 유학 가서 학위 받기
14. 1인 출판사 경영하기
15. 내 이름의 집 다시 사기
16. 해외에서 커리어 쌓기
17. 손자, 손녀를 돌봐 줄 수 있을 정도의 건강 유지하기
18. 날씬하게 살아 보기
19. 연예인 닮은 사람으로 TV 출연하기
20. 혼자만의 종이책을 출간하여 북 콘서트 해 보기
21. 정년퇴직하기

〈당장 실천할 수 있는 꿈들〉

22. 블로그에서 글과 사진으로 내 삶을 계속 기록하기
23. 후회 없는 1년의 학급 살이
24. 내가 좋아하는 가수의 전국 콘서트 모든 회차 관람하기
25. 하루 만 보 걷기
26. 예쁜 꽃 원피스 입기
27. 독서 모임 리더 되기
28. 내가 정말 좋아하는 사람들이랑만 술자리 하기
29. 내게 심한 말 한 사람에게 속 시원하게 따지기
30. 좋아하는 음악을 들으며 아무 방해 없이 보고 싶은 책 하루

종일 마음껏 보기
31. 부모님 두 분 모시고 여행 가기
32. 브런치 플랫폼 작가 되기
33. 미니멀 라이프 실천하기

　버킷리스트를 작성하며 새로이 마음을 뛰게 하는 소망도 있었고, 익숙해서 스스로 적기로 지겹고 다소 민망한 오래된 소망들도 있었다. 묵힌 소망들은 묵힌 소망대로, 새로 떠오른 소망은 그것대로 다 소중하다. 바로 내일이라도 실천할 수 있는 것도 있었고, 오랜 기간 노력이 필요한 것도 있었고, 마음먹기에 용기가 많이 필요한 도전 정신이 필요한, 마음을 단단히 먹어야 하는 소망도 있었다.

　나이를 먹어 간다는 건 익어 간다는 것과 같다는 말이 있지만, 또 그만큼의 절망과 실망과 상처와 나 자신의 밑바닥, 상대방의 밑바닥, 분노, 울분이 쌓여 있다는 말이기도 하다. 그렇게 조금씩 시들어 가고 있는 나에게, 주위와 세상에 나만의 방패를 견고히 하고 있는 나에게, 꿈 목록을 작성하는 일은 물을 주는 시간이 되었다. 괜찮다고, 그렇게 진지하게 경계하지 않아도 된다고, 지금 숨 쉬는 공기와 아침에 일어나면 자동으로 주어지는 축복 같은 24시간의 시간과 아직 잘 작동하는 두 팔과 다리로 할 수 있다고 꿈 목록들이 말해 주는 듯하다.
　상상의 세계로 떠나는 어릴 적 보던 만화 속 주인공처럼 현실에 발을 딛고 한 걸음, 한 걸음 나의 꿈을 향해, 나의 꿈과 함께 걸어가는 것이 나만의 영혼 물 주기 방법이 되어 주리라.

인생 2막, 꿈을 찾은 나

최홍미

사람들은 누구나 마음속 깊은 곳에 하나씩 꿈을 가지고 있다. 나의 어릴 적 꿈은 피아니스트였다. 그러나 그 꿈은 이루어지지 않았다. 시골에서 자라던 나는 피아노 학원이 없어 버스를 타고 학원에 다녀야 했다. 그 첫날의 기억은 지금도 생생하다. 선생님과 나란히 앉아 오른손부터 연습을 시작했다. 이후 왼손을 연습했고, 양손으로 연주를 시작했을 때의 신기함은 말로 표현하기 어려웠다. 내가 처음 연주했던 곡은 〈나비야〉였다. 선생님이 가르쳐 준 대로 연주하며 마치 피아니스트가 된 것 같은 행복했던 기억이 난다.

초등학교 3학년 때 처음 피아노를 배웠다. 나처럼 버스를 타고 학원에 다니는 친구는 없었다. 하지만 4학년이 되면서 한두 명씩 학원에 다니기 시작했다. 당시 시골에서 피아노를 배우는 아이들은 매우 드물었다. 5학년이 되자 옆 반 교실에 피아노가 있다는 사실을 알게 되었다. 담임 선생님께서 내게 연습하라며 그 교실을 사용하도록 허락해 주셨다. 다른 반의 교실에서 연습하는 것이 조금 부끄러웠다. 몇몇 여자아이들은 나를 질투하며 째려보기도 했다.

실력이 뛰어나지 않았지만, 6학년 졸업식에서 피아노 반주를 맡았다. 그 후로 사촌 오빠와 지인의 결혼식에서도 반주를 맡았다. 초등학교 시절, 내가 가장 갖고 싶었던 물건은 피아노였다. 당시 피아노 가격은 120만 원이었다. 이는 큰 논 한 마지기 값과 같았다. 엄마께 피아노를 사 달라고 졸랐지만, 가정 형편상 그럴 수 없었다. 엄마는 나중에 내가 결혼하면 그랜드 피아노를 혼수로 사 주겠다고 약속하셨다. 결혼 무렵, 엄마는 약속대로 피아노를 사 주셨다. 비록 그랜드 피아노는 아니었지만, 약속을 지키신 엄마에게 고마웠다.

이사를 할 때마다 피아노 조율을 해야 했지만, 두세 번밖에 하지 못했다. 소리가 점점 맑지 않아 안타까웠다. 요즘은 디지털 피아노를 선호하는 사람들이 많다. 디지털 피아노는 이어폰을 끼고 연주할 수 있어 소음 걱정이 없다. 하지만 나에게는 정통 피아노가 주는 감성과 추억이 더욱 소중하다. 지금은 딸 방에 피아노가 놓여 있지만, 먼지가 쌓이고 소리는 점점 나빠졌다. 딸은 피아노를 치지 않고 자리만 차지한다고 처분하자고 했다. 하지만 이 피아노는 나의 역사가 담긴 물건이라 쉽게 버릴 수 없다.

예전에 독서 수업을 들으며 강사님께서 유럽인의 부의 기준을 설명해 주셨다. 요리를 잘하고, 악기를 다루며, 외국어를 유창하게 구사하는 사람이 부자로 여겨진다고 했다. 그 말을 듣고 나도 그런 사람이 되고 싶다는 생각이 들었다. 잠자고 있는 피아노를 다시 배우고, 좋아하는 곡을 연주하고 싶다.

나는 여전히 피아노를 사랑한다. 비록 피아니스트가 되지는 못했지만, 좋아하는 곡을 연주하며 사람들에게 감동을 주고 싶다. 어린 시절부터 피아노를 잘 치는 사람은 나의 동경의 대상이었다. 피아노에 대한 미련을 쉽게 버릴 수 없다.

중년이 된 지금, 나는 나의 꿈을 찾았다. 그것은 바로 작가의 길이다. 작가가 되기 위해 책을 읽고 글을 쓰고 있다. 책 한 줄의 문장에서 울림과 용기를 받을 때마다 마음이 벅차오른다. 책 속에서 삶의 지혜를 배우고, 간접 경험을 습득하는 기쁨은 이루 말할 수 없다.

앞으로 나는 진솔한 글을 쓰는 작가가 되고 싶다. 내 글이 누군가에게 위로와 용기를 줄 수 있다면 더할 나위 없이 행복할 것이다. 한 권의 책이 누군가의 인생을 바꿀 수 있듯이, 나의 글이 그런 힘을 가지기를 바란다. 내년이면 나의 인생 2막이 시작된다. 지금까지는 초안을 써 온 삶이었다면, 이제는 나만의 작품을 완성하고 싶다. 나를 완성하며 진정한 삶의 무대를 열어 가고 싶다.

매번 꿈은 변해도 본질은 하나다

김정훈

"장래 희망을 써 보세요."

우리가 초등학교 시절에 끊임없이 들었던 말이다. 의사, 변호사, 과학자와 같은 다양한 답변을 내놓는 친구들이 마냥 신기했다. 나는 무엇을 잘하는 아이인지, 자라서 어떤 사람이 되고 싶은지 한 번도 생각해 본 적도 없다. 남들이 쓰는 걸 보고 마냥 따라 썼던 기억밖에 나지 않는다.

"도대체 나의 꿈은 무엇일까?"

처음 꿈이라는 걸 가졌을 때는 중학교 시절이다. 당시에 '회계사'라는 직업을 알게 되면서 꿈이란 걸 꾸게 되었다. 당시 회계사였던 외삼촌을 지켜보면서 자연스럽게 동경하게 된 직업이었다. 단순히 회계사라는 직업을 갖길 원했다기보다는 외삼촌의 존재가 어린 나에게 존경과 선망의 대상이었기 때문에 회계사를 꿈꾸게 된 것이다. 그분의 평소 모습이 얼마나 큰 영향을 미쳤는지 짐작케 한다. 외삼촌의 성실하고 반듯한 모습을 보면서 나 스스로 동기 부여를 만들어 갔을 정도였다. 실로 나에게는 큰 버팀목 같은 존재였다.

외삼촌은 여느 다른 어른들과 너무 다른 부류의 사람이었다. 온화하게 사람을 대하고, 어린 친구들의 의견이나 생각을 끝까지 들어 주는 멋진 분이었다. 버럭 고함을 치거나 젊은 친구들의 의견을 귀담아듣지 않는 많던 당시의 경상도 어른들과는 너무 달랐다.

어린 우리 남매에게 책이라는 존재를 알려 주신 분도 바로 외삼촌이다. 지금 생각해 보면 의아한 일이지만, 당시 우리 집에는 책을 쉽게 찾아볼 수 없었다. 외삼촌이 중고 서적 한 보따리를 가져와서 선물해 준 기억이 아직도 생생하다. 단칸방 한구석에서 내 동생과 책을 돌려보면서 난생처음 독서의 즐거움을 깨우치게 해 주신 분이다. 그분이 아니었다면 평생 책과 담쌓고 살았을지도 모른다.

너무 일찍 세상을 떠나서서 더 이상 함께하지 못하지만, 어릴 때부터 지켜봤던 외삼촌의 모습 덕분에 지금의 내가 존재한다고 해도 과언이 아니다. 책을 많이 읽는 모습이라든지, 겸손한 자세로 삶을 살아가는 나의 모습은 외삼촌 덕분이다. 내가 고지식하고 불의와 타협하지 않는 성향까지 영향을 받은 듯하다. 비록 회계사의 꿈을 가지도록 해 준 사람 또한 외삼촌이다. 내 인생의 진정한 멘토가 있었던 게 얼마나 행운인지 모른다.

외삼촌과 같이 나를 바르게 이끌 사람이 없어서일까? 중년이 되면서 삶에 대한 불안감이 커졌다. 어영부영 시간만 보내다가 삶이 끝나 버릴 것만 같았다. 흡사 갈 곳을 잃은 작은 배 같았다. 언제 비바람이나 태풍이 몰아쳐 배가 뒤집힐지 모르니 불안할 수밖에.

청년기에는 외삼촌의 영향을 많이 받았다면, 중년이 되어서는 내 삶에 긍정적 영향을 준 고등학교 친구가 있다. 그 친구 이름은 재욱이다. 자수성가해서 많은 부를 쌓은 친구다. 어린 시절의 집안 형편이 많이 좋지 않았지만, 무사히 대학 교육까지 마친 진정한 의지의 한국인이다. 방학이 되면 공장에서 야간 근무까지 자처하며 학비와 생활비를 벌었다. 바짝 두 달 이상 벌면서 등록금과 반년치 생활비를 해결했다. 자신이 쓰기에도 빠듯했을 텐데, 부모님에게 용돈을 드리는 효자이기도 하다.

난 재욱을 만날 때마다 즐겁다. 매번 긴 시간 동안 세상 사는 애기를 하느라 여념이 없다. 가끔은 낮술을 하면서 반나절 동안 정말 많은 얘기를 한다. 텔레비전에 나오는 〈알쓸신잡〉과 같이 정말 다양한 대화가 오고 간다. 덕분에 우리는 서로 인사이트를 나누며 긍정적인 영향을 주고받는다. 서로가 읽었던 책을 논하다가 갑자기 그 자리에서 구입해 버리기도 하고, 부동산을 애기하다가도 '이거다' 싶으면 다음 날 바로 임장을 가기도 한다. 주기적으로 막걸리 몇 병을 놓고 담소를 나누는 일이 나에게 소소한 즐거움이 된 것이다. 나는 이 친구의 열정과 실행력을 본받으며 많은 성장을 했다. 오랫동안 보지 못하면, '이번엔 이 녀석이 어떤 새로운 멋진 일을 시작했을까' 하고 궁금함과 기대감이 솟구친다.

경제적 자유를 이룬 이 친구의 영향 탓인지 모르겠지만, 요즘따라 부자가 되고 싶다는 얘기를 자주 한다. 돈을 모을 수 있는 것은 무엇이든 도전하고 있다. 돈의 노예가 되었다며 나를 보고 혀를 찰지도 모른다. 지금 누군가가 내가 이루고 싶은 꿈이 무엇이냐고 묻는다면, 단연코 부를 축적하는 것이라고 얘기할 것이다.

나의 꿈은 매번 변했다. '무엇이 내 꿈일까' 방황하던 것을 뒤로하고 나만의 것을 만들어 갈 수 있었던 계기는 멋진 롤 모델이 내 곁에 있었기 때문이다. 인생의 전반기에는 외삼촌이, 인생의 중반기에는 나의 친구가 그 역할을 했다. 롤 모델을 따라 하면서 자연스레 내 가치가 올라간 것이다. 그들처럼 살고 싶다는 단순한 동경에서 시작했지만, 확실히 지금의 삶이 긍정적으로 변하긴 했다. 대표이사라는 직함을 가지게 되었고, 적당한 부를 쌓으면서 가족들과 행복하게 살고 있으니 상당히 멋지게 변모했다고 생각한다.

항상 변한 꿈이지만 그 본질은 똑같다. 힘든 사람들에게 도움을 주려고 했던 것이 바로 내 꿈의 본질이다. 어릴 적에는 회계사가 되고 싶었고, 중년이 되어서는 부자가 되고 싶은 이유가 맥을 같이 한다. 노후에는 작가와 투자자의 삶을 살고 싶다는 꿈이 생겼다. 장애우를 위한 사회 시설을 만들고 싶기도 하다.

이렇듯 내가 하고 싶은 게 생겼다. 누군가는 또 꿈이 변했다고 질책할지도 모른다. 하지만 선한 영향력과 긍정적 마인드를 줄 수 있는 참된 사람이 된다는 내 꿈의 본질은 절대 변하지 않는다.

마침표가 아닌 쉼표

연미영

한 해가 며칠밖에 남지 않았던 2022년 12월.

"지금 호명하는 분들은 앞으로 나와 주시기 바랍니다."

곧이어 이름이 불리고, 단상 앞으로 나갔다. 내 옆으로는 근속 년수가 꽉 찬 분들만 자리하고 있었다.

갑자기 알 수 없는 감정이 뜨겁게 가슴속에 차올랐고, 두 뺨에 눈물이 흘러내렸다. 살면서 한 번도 경험해 보지 못했던 감정의 눈물이었다. 그동안 나름의 힘들고 어려웠던 일들이 상기되었고, 아쉬운 마음 반, 억울한 마음도 반해서 눈물이 났다.

"나는 최선을 다해서 살았던 것 같은데 내 인생에는 왜 힘든 일들만 벌어지는 걸까…?"

회사를 다닐 때 내 인생은 비극만 벌어지는 불행만 연속인 날들 같았다.

다들 축하하는 분위기였지만, 간신히 눈물을 참다가 꽃다발만 한가득 안고 회사 밖으로 빠져나왔다. 겨울의 찬바람이 더욱 차갑게 느껴졌다. 그렇게 나는 내 발로 15년간 몸담았던 회사를 스스로 박차고 나왔다.

처음에는 당장 내일부터 출근하지 않는다는 사실이 좋았다. 계획해 둔 여행도 있었기에 준비하며 즐거워했다. 추운 날씨에 출근하지 않아도 된다는 사실에 행복했다. 하지만 얼마 지나지 않아 그 행복도 사라져 버렸고, 나의 일상은 완전히 달라졌다.

겨우 1년이 지나기도 전에 나는 다시 먹고살 걱정을 하며 이제 무슨 일을 해야 하지 하며 구직 사이트를 뒤지고 있었고, 그마저도 경단녀가 되어 취업하더라도 눈높이를 낮추어야만 했다. 그나마 실업 급여를 받으며 시작한 것이 자격증 공부였다.

여유 시간을 이용해 나는 그동안 관심은 있었지만 해 보지 못했던 분야의 자격증을 취득해 보았다. 꽃꽂이, 원예치료사, 바리스타, 방과 후 지도사 등등…. 그러다 지인의 소개로 관광통역사라는 자격증을 알게 되었고, 20대 이후로는 본 적도 없던 토익 공부를 다시 하고 도전하게 되었다. 그리고 자격증을 취득하고 활동 중이다. 지금은 또 다른 꿈, 작가의 꿈을 꾸며 도전을 구상 중이다.

나는 성격상 큰 결정을 잘하지도 못할 뿐더러 결정을 내리는 데도 오랜 시간이 걸린다. 그런 내가 안정적인 직업을 버리고 퇴사를 선택하게 된 이유에는 몇 가지가 있다. 그중에서 가장 손꼽을 만한 것에는 독서와 새벽 기상이 있다. 독서와 새벽 기상이 퇴사와 무슨 상관이냐고 묻겠지만, 나는 코로나19 기간 동안 매일 새벽에 일어나 독서와 명상 등을 하며 오롯이 '나'를 들여다보는 시간을 가졌고, 나는 이 시간 동안 나의 의식과 내면이 성장했다고 생각한다.

그리고 자연스럽게 내 자신의 행복을 생각하며 퇴사를 생각하게 되었고, 용기를 내어 회사를 그만둘 수 있었다. 그 용기가 나 같은 소심쟁이에게 하루아침에 솟아날 리는 만무하다. 그래서 몇 년을 고민하고 또 고민하며 준비하는 시간을 가졌다. 적금도 넣고, 재테크도 공부해 가며 퇴사를 준비했다.

내 마음속에서 들려오는 '먼 북소리'는 나를 새로운 세상으로 불렀고, 마흔의 사춘기는 지독한 현실 부정을 불러왔다. 어쨌든 나는 지금 직장 생활을 마치고 새로운 인생을 펼쳐 나갈 수 있는 기회를 가졌다. 인생은 결코 호락호락하지 않지만, 내게는 여유와 기회가 생겼다.

100세 시대에 아직 반평생을 살지도 못했는데 하게 된 퇴사가 마냥 즐겁지만은 않다.
중요한 건 나는 파이어족이 아니니까….
내 인생은 다시 도돌이표가 되어 앞으로 뭐 먹고 살지를 끊임없이 물어오고 있다.

하지만 이렇게 읽고 쓸 수 있는 시간이 많아 작가의 꿈을 꾸는 나는 행복하다. 가끔 불확실한 미래에 잠을 설칠 수 있긴 하지만, 그래도 마음 편하게 지내는 지금이 좋고 가슴 설레는 내일이 있어서 좋다.

지금 내게 주어진 이 시간이 마침표가 아닌 쉼표가 되었으면 좋겠다. 그리고 또 다른 기회에 새로운 꿈이 생긴다면 다시 그 길을 걸어가고 싶다.

예쁜 할머니를 꿈꾼다

강성희

사람들이 나에게 가장 많이 하는 질문은 "꿈이 뭔지 물어봐도 돼요?"이다.

그럼 나는 대답한다.

"질문이 잘못된 것 같아요. '다음 목표는 무엇이지요?'라고 물어봐 주세요."

나의 꿈은 예쁜 할머니다. 20살 시절부터 나는 예쁜 할머니가 꿈이라고 줄곧 말해 왔다. 누구나 다 늙지만 어떻게 늙어 갈지는 내가 선택할 수 있다고 생각했다. 그래서 나는 예쁘게 늙기로 결심하고 예쁜 할머니를 꿈꾼다.

그렇다면 예쁜 할머니의 기준은 무엇일까? 내가 생각하는 예쁜 할머니의 기준은 이렇다.

나이가 들어도 용기 있게 무언가 도전했으면 한다. 무언가 결정을 했을 때, 그 결정에 당당했으면 한다. 건강의 중요성을 알고 스스로를 위하여 절제할 줄 알았으면 한다. 직업에 끝까지 종사하며, 경험과 그 경험을 토대로 다양하게 역량을 펼쳤으면 한다. 인생을 뒤돌아보았을 때, 나 자신을 생각하며 미소가 지어졌으면 한다. 이 모든 것들이 불편함 없이 잘 이루어지려면 경제적으로도 불편함이 없었으면 한다. 직설적이지만 중요한 부분이다.

각자가 생각하는 자신의 예쁜 할머니, 멋진 할아버지의 기준은 어떻게 될까?

지금도 예쁜 할머니를 꿈꾸며 나의 시간은 흐른다. 한 발자국, 한 발자국 다가갈수록 나에게 다양한 업적이 필요하다는 것을 깨달았다.

예쁜 할머니가 될 것이라 먼 이야기처럼 말하던 20대를 지나 예쁜 할머니의 무게감을 조금 체감하는 30대를 막 지났다. 드디어 40대의 시대가 활짝 열렸다.

40대. 묵직한 느낌의 나이대. 몸에 비유하자면 몸을 지지하는 허리에 해당하는 나이대라고 개인적으로 생각한다.

그만큼 인생에 있어 예쁜 할머니가 되기 위해 가장 중요한 시기라 여겨진다.

그 중요한 나의 순간이 지금 막 시작되었다.

앞으로 10년간의 목표는 사회복지 사업을 통해 내가 좋아하는 이 일을 누군가에게 전수하는 것이다. 천직인 이 직업 속에서 오랫동안 현역으로 있고 싶다. 행복한 이 일을 꼭 필요한 사람에게 기술을 전하고 싶다. 나아가 자신의 일을 사랑하는 미용인들이 오랫동안 현역에서 일할 수 있도록 돕고 싶다. 미용업의 한계를 느낀다. 나이가 들어 가는 것을 두려워하지 않고, 자신의 기술을 꼭 필요한 사람에게 전수할 수 있도록 돕고 싶다.

예전 좋은 의도로 마음에 맞는 사람들과 협회를 창립했다. 하지만 결과를 보지 못하고 아쉽게 끝이 났다. 목적이 너무 좋았기에 그 갈증을 해결하기 위해 개인 목표로 삼아 실현해 나아가고 있다. 개인으로써 작지만 방향이 틀어지지 않게 과업을 하나씩 해내다 보면 좋은 기회가 올 것이라 생각한다.

슈퍼마리오를 하다 보면 익숙한 판에서는 절대 죽으면 안 된다. 목숨을 많이 아껴야 한다. 내가 원하는 판을 도전하고 깨기 위해 도토리 모으듯 목숨을 잘 모아야 한다.
새로운 도전을 시작하는 40대, 이 시기를 온몸 불사르는 마리오같이 온몸 던져 해내고 싶다. 덩달아 같이 플레이 할 수 있는 루이지가 나와 함께하길 바라 본다.

지금의 이 글쓰기는 예쁜 할머니가 되기 위한 하나의 과정이다.

이름값 하며 살기로 했다

홍성화

2012년에 결혼해 충남 홍성에 쭉 살고 있다. 코로나19 시기였던 2022년에 갈산면 행정복지센터에서 3주간 일했다. 소상공인 긴급재난지원금 신청서를 받는 일이었다. 이 일로 나는 갈산면 행정복지센터에서 1년 중 9개월은 근무를 하고, 12월부터 2월까지는 아이들과 겨울 방학을 보낸다. 벌써 3년 됐다. 고정 수입이 있다가 없으니 아쉽기도 하지만 출근할 때보다 아침이 더 여유로운 것은 분명 선물이다.

세 아이 모두 초등학생이라 방학 동안 아이들과 부대끼며 지낼 수 있는 시간도 복이라 생각한다. 40대 중반을 코앞에 두고 있는 지금, 어제의 나를 되돌아보고 오늘 더 나은 나로 살기 위해 준비할 수 있는 시간이 주어짐도 감사하다.

일 년에 책 한 권을 끝까지 다 읽어 본 적이 없던 내가 책과 친해진 계기가 있었다. 편입해서 대학교 4학년이었던 2008년, 절친에게 책 선물을 받았다. 『여자라면 힐러리처럼』이었다. 겉표지를 넘기는 순간, 마약처럼 빠져들었다. 독서력이 없던 내가 이 한 권으로 삶이 변하기 시작했다.

　책이 자꾸 궁금해졌다. 잠들어 있던 의식이 서서히 깨어나는 느낌이었다. 31살 봄에 『독서 천재가 된 홍대리』를 읽고 책 읽기 독립 프로젝트를 해 봤다. 한 달에 서른 권 읽기가 목표였는데, 33권이나 읽었다. 정주영 명예회장 타계 10주기 추념 도서인 『정주영 경영을 말하다』와 같은, 두께가 꽤 되는 책들이었는데, 거침없이 빨려들어 갔다. 지옥 버스와 지옥철을 타고 사람들 틈에 끼어서도 책을 읽었던 그때가 얼마나 행복했는지 모른다. 이런 경험으로 결혼해서도 책 읽는 엄마가 되었다.

　요즘 반려견, 반려묘 등과 가족처럼 살아가는 사람들을 보면서 문득 생각났다. '반려 책은 없나?'라고. 사람들이 개와 고양이를 아끼고 보살펴 주듯 나는 책을 무척 애지중지한다. 많이 안 읽어도 그냥 책이 좋다. 수집하는 것도 좋아한다.

　2025년 트렌드 중 '무해력'이라는 키워드가 있는데, 작고 귀여우며 해롭지 않은 존재들이 사람들에게 영향력을 준다는 뜻이다. 그런 의미에서 자극이나 스트레스를 피하고 무해한 것들이 주는 것에 책은 당연히 포함되지 않을까 생각했다. 책을 좋아하고 꾸준히 읽다가 '홍성화 만권당'이란 꿈도 찾았다.

　2017년에 한국사를 공부하면서 알게 된 만권당. 만권당(萬卷堂)은 1만 권의 책이 있는 집이라는 뜻이다. 고려 충선왕이 원나라의 수도인 대도(베이징)에 지은 독서당을 말한다. 고금의 귀한 책들을 수집하여 학문을 연구하게 하던 학술 연구기관으로, 충선왕은 뛰어난 학자들을 불러 모았다. 고려 문인 이제현도 이때 불려 갔다. 또한 원의 유명한 학자 조맹부, 원명선, 장양호 등을 초청하여 함께 경사(經史)를 연구하고 토론하게 했다고도 한다.

70살이 되는 2050년에 꿈에 그리던 '홍성화 만권당'에서 제일 먼저 고희연을 베풀고 싶다. 책을 아끼고 사랑하는 사람들과 함께. 그러려면 우선 책이 숨 쉴 집이 있어야 하고 그다음에는 좋은 책들로 채워져야 한다. 결혼하면서부터 시부모님 댁에서 살았기 때문에 진짜 내 집에 대한 소망이 누구보다 간절하다. 그것도 그냥 집이 아니라 1만 권 정도로 책이 많아야 하고, 그 집은 책이 손상되지 않게 쾌적해야 한다. 라디오를 듣다가 우연히 알게 된 아프리카 짐바브웨에 있는 이스트 게이트 쇼핑센터가 만권당의 해법이 됐다. 흰개미 집의 냉방원리에 착안하여 건축가 마이크 피어스가 설계한 이스트게이트 쇼핑센터는 참 지혜롭다. 자연 냉방 건축 시스템을 적용하여 한여름에 에어컨 없이도 실내가 항상 24℃ 정도로 유지된다고 하니 놀랍지 않은가?

만권당을 지을 생각에 친환경 건축에도 관심이 생겼고, <EBS 건축 탐구 집>도 챙겨 보고 있다. 땅 관련 책도 읽고, 빠듯하지만 저축과 투자도 하고 있다. 70세의 홍성화가 만권당에서 사람들과 책으로 활발히 소통하기 위해 독서를 꾸준히 하며 블로그와 브런치에 글도 발행한다. 식구들이 모두 잠든 밤에 책을 읽고 글을 쓴다.

신독(愼獨)이란 말처럼 그 누구에게도 방해받지 않고 혼자 있는 이 시간이 가장 자유롭고 행복하다. 홀로된 시간의 힘을 믿으며 그 시간을 주로 자기계발로 채우고 있다.

『꿈이 있는 아내는 늙지 않는다』, 『아이가 잠들면 서재로 숨었다』, 『리딩으로 리드하라』, 『나는 희망의 증거가 되고 싶다』 등등 이런 책들이 나를 살렸다. 가슴이 뻥 뚫리는 기분을 책을 읽고 글을 쓸 때 느낀다. 이렇게 나를 받쳐 주고 있는 것들을 그저 묵묵히 할 뿐이다. 일흔 살부터는 책 내음 나는 만권당에서 책을 소중하게 여기는 사람들과 내가 가진 모든 것들을 아낌없이 나누고 싶다.

지방 소멸 위기 속에서 우리 마을의 평균 연령도 80이 넘었다. 계속 공석이던 부녀회장 자리를 2021년에 어쩔 수 없이 맡았다. 오지랖이 넓은 시골 특성상 시부모님 얼굴 생각해서 3년 동안 모든 활동에 참석했고, 열심히 했다. 최연소라며 함께했던 각 마을의 부녀회장님들께서 엄청 예뻐해 주셨다. 40대인 나를 기준으로 시부모님과 한집에서 사는 사람이 '0'에 가깝고, 1인 가구와 2인 가구는 빠르게 늘고 있는 요즘이다.

반면, 우리 집은 3대가 사는 전형적인 확대가족으로, 같이 살기만 해도 효부란다. 부끄럽지만 지난 5월에는 어버이날 유공 표창을 받았다. 또한, 면에서 추천받아 지난 9월엔 운 좋게 제주도에도 다녀왔다. 충청남도 신규 시책으로 추진된 효부·효자 힐링 연수였다. 글씨 쓰는 것을 좋아해 2023년 10월에는 홍성 사투리 캘리그라피 공모

전에서 수상도 했다. 뭐든 즐기다 보니 좋은 운들이 내게로 트였다.

2023년 12월, 송년회에서 건배사를 올리며 했던 말이 불현듯 생각났다.

"제 이름의 마지막 글자는 '빛날 화'입니다. 홍성을 빛나게 하고, 나라를 빛내며 또 세계를 빛나게 하고 싶습니다."라고 말했다. 사람들이 눈을 동그랗게 뜨고 바라보는 건 당연했다. 그저 평범한 주부인 내가 어떻게 이런 말을 했는지, 사람들 앞에서 어찌 이런 말을 내뱉을 생각을 했는지 알 수 없었다. 홍성을 빛나게 하는 일도 어렵지만, 나라와 세계는 가당키나 한가? 어처구니가 없었다. 그렇지만 꿈을 품으면 가슴엔 희망이 생기고, 내일이 아닌 오늘이 행복하다. 어쨌든 나는 과정을 즐기고 있다. 꿈을 꾸는 건 어디까지나 자유고 끌어당김의 법칙으로 이루어진다고도 하지 않던가!

만권당으로 인해 홍성이 주목받을 것이다. 어디서든 보러 오는 집이 될 것이다. 마지막 날까지 숨 쉬는 집에서 책과 숨 쉬며 살고 싶다. 만권당을 찾아 주는 사람들이라면 누구든 언제나 환영하고, 그곳에서 함께 즐길 준비가 되어 있다. 홍성, 나라, 세계를 빛나게 하는 커다란 꿈을 계속 키워 나가야겠다. 꿈은 꾸고 볼 일이다.

"인자부터 두 눈 똑똑히 뜨고 봐라잉! 내가 뭘 어떻게 해내는지."

2024년 tvN 드라마 〈정년이〉에서 정년이가 말했듯이 나도 해낼 것이다.

어린 시절의 꿈이 내 삶의 나침반 되다

양지욱

음악, 책, 영화가 존재하지 않는 세상을 감히 상상할 수 있을까? 길을 가다 좋아하는 노래가 레코드 가게에서 흘러나오면 그 앞에서 노래가 끝날 때까지 들었다. '내가 이 가게 주인이라면 얼마나 좋을까!'라고 생각하며. 어떤 날은 서점을 운영하며 책을 읽는, 다음 날은 비디오 가게에서 좋아하는 영화를 보며 고객을 기다리는 상상을 하곤 했다.

초등학교 때부터 책 읽기를 좋아했다. 그런데 집에 책이 없다. 친구 선희네 집에 위인전집, 세계명작전집이 있었다. 너무 읽고 싶어 책을 빌리러 갔다. 선희는 없었다. 어떻게 할지 고민하다가 친구 엄마에게 이야기하고 방으로 들어갔다. 책장에서 을지문덕을 비롯한, 몇 권의 위인전을 꺼냈다. 대문이 없는, 그 집 현관문을 나오면 바로 사거리 모퉁이다. 문을 열고 나왔다. 오른쪽으로 몇 걸음 옮겨 집 벽에 등을 대고 퍼질러 앉았다. 책을 읽기 시작했다. 지나가던 몇 사람이 쳐다보았다. 친구가 오기를 기다렸다. 해가 서쪽으로 넘어갔다. 캄캄하다. 끝내 친구의 얼굴은 보이지 않았다. 책 주인보다 더 많이 읽어 책 모서리가 너덜너덜해졌다. 한편, 노래도 좋아했다. 1970년대 후반부터 1987년까지 학창 시절, 부모님과 밭에서 일했다. 항상 라디오에서 흘러나오는 대중가요를 들었다. 입속으로 중얼중얼 따라 부르다 보면 저녁놀의 아름다움은 한 번도 구경하지 못했다. 그리고 지금은 사라진 ○○시 삼일극장에서 <바람과 함께 사라지다>를 보고, 여주인공 스칼렛 오하라를 동경하며 주체적인 삶을 꿈꾸곤 했다. 어린 시절 책과 음악, 영화에 심취했던 그 순간들은 취미 이상의 것이었다. 10년 전, '내가 한때 '레코드 숍 아니면 서점이나 비디오 가게 주인이 된다는 꿈을 꾸었지! 그런데 지금은 거의 존재하지 않는 직업들이네. 왜 미래를 내다보지 못하고 그런 꿈을 꾸었을까?'라고 생각하니 나도 모르게 한숨이 흘러나왔다. 하지만 그 꿈들은 내가 이루고자 했던 삶의 본질을 말해 주고 있었다. 왜냐하면 책, 음악, 영화라는 세 가지 축을 중심으로 작가, 작사가, 영상 제작자로서 창작의 기쁨을 만끽하며 살아가고 있기 때문이다.

지금 나는 어렸을 때 좋아했던 책, 음악, 영화를 물리적인 공간에서 전달하는 역할인, 단순한 꿈을 넘어섰다. 책, 노래, 영화의 수용자가 아닌, 창작자로서 예술의 본질을 추구하고 있다. 책을 쓰고 출판하여 독자에게 메시지를 전달하고, 노래 가사를 써서 음악으로 사람들에게 위로와 힘을 주며, 동영상을 제작하여 시청자들에게 상상력을 제공한다. 이 모든 작업이 내 손끝에서 만들어져 작품으로 탄생한다. 특히 가사를 쓰고, 동영상을 만드는 과정은 매 순간 즐겁다. 10시간 이상 계속 집중해서 작업해도 피곤하지 않다. 가사를 고치면 고칠수록, 동영상을 만들면 만들수록 영감이 자꾸 생겼다. 나날이 질적으로 나아졌다. 그러다 보니 작사, 동영상 제작도 나에게 잘 맞는 일이라는 새로운 사실과 그 방면에 재능이 있음을 발견하였다.

자신이 어렸을 때 좋아했던 일, 잘했던 일이 무엇인지 떠올려 보자. 물론 처음에는 생각이 잘 나지 않을 것이다. 나도 그랬다. 코로나19가 다가왔을 때 학교에서 그 무엇도 할 수 없었다. 2019년 블로그 글쓰기부터 시작했다. 그때 블로그에 맨 처음 올린 문장은 단지 네 개였다. 힘들지만 몇 달 계속 쓰다 보니 글쓰기가 싫지 않았다. 초등학교 때 국군 아저씨께 위문편지를 써서 보내면 항상 답이 왔고, 글쓰기 대회에서 상을 받았던 장면도 흑백 영화 속 한 장면처럼 떠올랐다. '그래, 맞아. 내가 그때 글쓰기를 좋아했지.' 생각이 들며 나도 모르게 작가가 되면 좋겠다는 생각을 처음으로 가지게 되었다.

사실 블로그에 글을 포스팅한다는 일은 많은 사람이 하는 일이라 그리 특별하지는 않다. 하지만 팀 페리스가 "큰 기회는 항상 작은 패키지 안에 담겨 배달되어 온다."라고 말한 것처럼, 블로그에 글을 쓰고 있었기 때문에 알고 지내던 작곡가에게서 협업하자는 부탁을 받을 수 있었다. 윤 씨 형제들이 모여 직접 작사, 작곡, 편곡하고 노래까지 부를 예정이어서 '윤스가'라는 밴드 이름을 지어 주었다. 경포를 배경으로 사랑의 슬픔을 표현한 첫 노래 〈경포&〉 제목도 만들어 멜론에 등록되었다. 두 번째 곡, 성가 〈나 아닌 당신 뜻으로〉가 음반으로 제작되었다. 유튜브에 올릴 섬네일을 만들어 보면 어떻겠냐는 말을 들었다. 컴퓨터를 거의 다루지 못하는 사람이라 '과연 잘할 수 있을까' 하는 생각이 들었으나, '미리 캔버스'를 이용하여 만들기 시작했다. 처음에는 만드는 방법을 잘 몰라 하나를 만드는 데도 서너 시간이 걸렸다. 결과물이 마음에 들지 않았다. 그래도 계속 만들다 보니 조금씩 나아졌다. 지금은 마음에 드는 섬네일 하나를 위하여 100번도 넘게 클릭하며 만든다. 세 번째 음반인 성가 〈말씀 따라 그대로〉가 멜론에 등록되었다. 유튜브에 올릴 동영상도 만들어 보라는 말을 듣고 겁 없이 달려들었다. '필모라'라는 프로그램을 내려받았다. 맨땅에 헤딩하듯 노래를 반복하여 들으면서 그 가사에 어울리는 동영상을 찾아 연결하여 만들기 시작했다. 한 달 후 완성하여 유튜브에 올렸다. 현재 조회수 7,500이 넘었다. 시간 나면 한 번 꼭 보라. 노래 가사도 〈하얀 이별〉, 〈콩딱콩딱〉, 〈스쳐 가듯 비〉 등 3곡을 썼다. 하나의 곡에 가사를 붙이는 데 한 달 정도 걸린다. 창작의 즐거움이 있기에 그 과정은 전혀 힘들지 않다. 더구나 쓰는 문장이 대부분 10줄 이하로, 결과물이 한눈에 들어온다. 마음에 들지 않으면 바로 그 자리에서 계속 수정한다.

좋아하는 일을 드디어 찾았다. 열심히 노력하다 보면 잘하게 된다고 하더니 맞는 말이었다. 시간이 쌓이면 쌓일수록 작품이 얼마나 눈부시게 변하는지 완성이 된 그날은 잠이 오지 않는다. 책 쓰기, 가사 쓰기, 동영상 제작할 때 영혼을 갈아 넣는다. 하지만 출판된 글을 읽어 보면 몇 퍼센트가 부족하여 항상 아쉬운 마음이 들었다. 반면 6줄, 8줄 짧은 가사와 4분 30초라는 시간 속에 노래 이미지를 보여 주는 동영상이 마음에 드는 이유는 창의력과 상상력을 발휘할 수 있는 INFP 성격 유형 때문이 아닐까 싶다. 다만, 대중에게 인정받지 못해 속이 상하지만, 처음보다 질적으로 나아지고 있어 더 잘 만들어야겠다고 다짐한다.

내가 36년 넘게 교사로 살아오는 동안 김훈 작가는 1994년 불혹을 넘긴 나이에 등단하여 지금까지 우리 시대의 대표 소설가로 우뚝 서 있다. 갈고닦은 솜씨로 만들어진, 중후하고 날카로운 문장은 시간과 공간을 초월하여 여기저기 날아다닌다. 번데기로서 시간을 잘 버티고 자신만의 세계를 드러낸 작품을 계속 만들어 독자들에게 공감을 불러일으킨다. 그러나 나는 애벌레로 긴 세월 풀을 뜯어 먹고 살았다. 이제 돌덩이가 아닌, 나라는 조각 작품을 만들고 싶어 스스로 번데기가 되었다. 2년 차 초보 작가여서 아직은 이 과정이 무척 힘들지만, 계속하여 글 쓰다 보면 언젠가 벗어날 수 있다고 믿는다.

무슨 일이든 10년을 꾸준히 하면 그 방면에 전문가라고 말할 수 있기에 지금 그 시간을 채우고 있다. 피아니스트가 기도하듯 눈을 감고 온몸으로 피아노를 가지고 놀 듯이, 나도 펜을 들면 손끝에서 문장이 물 흐르듯이 만들어지는 날이 오리라. 내 안의 목소리에 귀 기울여 하루하루를 소중히 여기며, 새벽 4시에 일어나 글을 쓴다. 독자에게 울림을 주기 위하여, 삶의 본질을 더 깊이 탐구하고 진솔하게 표현할 것이다. 그렇게 죽을 때까지 작가로 살겠다. 이 말은 단순한 다짐을 넘어, 나에게 보내는 약속이다.

날마다 글을 쓴다. 황순원의 소설 『소나기』 속 소녀처럼 설레는 마음으로 한 달 걸려 노랫말을 만들었다. 100번 넘게 클릭하며 유튜브 섬네일과 동영상을 제작했다. 시작은 전부 미미했으나, 그 시간은 진심으로 좋아하는 일을 찾는 과정이었다. 그 일은 새로운 토핑을 추가하며 더 큰 꿈으로 확장되고 있다. 10년, 아니, 40년 후 어떤 맛의 작품이 만들어질지 벌써 기대된다.

글 쓰는 할머니로 살아갈게

최경희

인간으로 태어나 존재하는 우리는 자의와 상관없이 작은 생명체로 지구에 뿌려져 싹을 틔우고, 가지를 키우고, 열매를 맺고, 다음을 이어 가는 연결자로 호흡하다 언젠가는 사라지는 순간을 맞이하게 된다. 하지만 사라지더라도 소멸하지 않는 존재로 남을 수 있다. 누군가의 기억으로 또는 내가 남긴 흔적으로.

지진이라는 재난을 만나 허우적거리다 내가 속한 도시를 다시 일으켜 세우기 위한 도시 재생 사업에 합류했다. 시작은 지인의 급한 부탁에 대한 응답이었다.

'오죽 급하면 나한테 연락했을까? 그것도 내일 오전 미팅인데 오후 5시가 넘어 책을 읽고 참여해 달라니.'

그가 퇴근 후 센터로 찾아와 자료를 넘겨주고 갔다. 그렇게 받아 든 자료를 읽고 다음 날 미팅에 합류해 그대로 팀에 합류하여 결국 리더로 활동을 하게 되었다. 약 4년간 마을 소식지 제작 업무를 맡게 되었다. 섭외, 인터뷰, 원고 작성, 사진 촬영 및 편집과 인쇄, 배부까지 여간 힘든 일이 아니었다. 지원해 준 담당자와 함께해 준 팀원들이 있었기에 가능했던 일이다. 물론 지금 와서 생각해 보면 나를 성장시킬 수 있는 특별한 기회였다.

2023년은 일반인 여성들을 대상으로 글쓰기를 진행했다. 『도서관에서 마주친 나』라는 제목으로 그들의 이야기로 책을 냈고, 2024년에는 만 65세 이상 시니어들을 대상으로 글쓰기 수업을 진행했다. 그들의 이야기는 『나의 기록』이라는 제목으로 출간되었다. 이야기가 글이 되는 과정들이었다. 2025년 1월부터는 초등 어린이들과 일반인을 대상으로 하는 글쓰기 프로그램이 계속 이어지고 있다.

이렇게 글쓰기를 지도할 수 있었던 이유는 20여 년 전쯤으로 기억한다. 정말 글쓰기가 안 되었던 나의 모습이다. 라디오 방송으로 경북 내에 있는 마을을 찾아다니며 그 마을의 좋은 점을 소개했던 리포터를 하다가 개편으로 담당 PD가 바뀌면서 시사 프로그램의 리포터를 하게 되었다. 내가 원했던 작업은 아니었다. 잘리지 않고 이어 갈 수 있었던 부분은 감사했으나, 결국 나의 날것의 형편없는 글쓰기로 여러 사람이 힘든 시간을 보내게 되었다. 지나고 보니 글쓰기의 중요성을 인식하지 못했던 상황에서 '글쓰기를 못하면 낭패를 볼 수 있구나'를 실감했던 사건이었다.

그 후로 녹음실에서 정치 후보자들을 위한 녹음 작업 중 인터뷰를 하고 그들을 대신해 연설문을 쓰게 되었고, 진학이나 취업을 위한 자기소개서로 사람들을 도울 수 있었다. 일련의 성장 과정을 거치게 된 것이다. 어찌 보면 계획한 일이 아니었으나, 나의 생업을 이어 오면서 만난 일들을 거절하거나 피하지 않고 해내려 애썼던 시간들의 결과물이었다. 또한 극단을 운영하며 대본을 쓰기 시작했다. 상상하며 장면을 떠올리고 대본을 쓰며 혼자 웃기도 했다. 결국 그렇게 쓴 대본에 대한 관객의 반응이 매우 좋았다. 사전 티켓도 구매율이 높았고, 현장 구매도 높았다.

심지어 예약 문화가 자리잡히지 않았던 때에는 현장 구매자들이 예약석에 앉아 비켜 주지 않아 공연 전 큰 소란이 있기도 했다. 누가 해 놓은 작업이 아닌 자신이 만든 대본으로 해냈다는 것이 스스로 칭찬할 만한 일이다. 극단을 운영할 때 가까운 친척 어르신조차도 그런 말을 했었다.
"거 돈도 안 되는 일을 뭐 할라꼬 하노."
결국 공연이 성황리에 끝나고, 그분은 말을 바꾸었다.

사람들은 충분히 그럴 수 있다. 그것이 인간의 특성이기도 하다. 그럼에도 불구하고 '나'라는 존재를 스스로 키워 내는 일은 온전히 나의 몫이다. 중요한 건 스스로 해냈을 때 가치가 올라간다는 것. 타인의 노력으로는 자신을 빛낼 수 없다. 자신을 위해 노력한 시간만이 자신을 빛낼 수 있다.

삶은 성공이 아닌 성장의 길을 걷는 과정이다. 그 길을 통과하며 우리는 성숙의 순간들을 만나게 된다. 타인이 아닌 '나'라는 존재와 끊임없는 투쟁이기도 하다. 하기 싫어하는 나를 끌고 가야 하고, 힘든 나를 일으켜 세워야 하고, 멀리 가지 않았던 나를 멀리 바라보게 하는 것. 모두 자신의 역할이다. 오늘 편히 지냈다면 내일은 조금 더 불편함을 넘어서야 하는 것이 더 나음을 위한 선택이 될 테니까.

무엇보다 더 자기 발전이 절실한 때를 지나고 있다. 너무 무지해서 지켜 내지 못하고 잃은 것이 많았고, 타인의 도구로 살아왔던 시간도 있었다. 내면이 연약하여 타인의 잘못임에도 표현하지 못하고 괜찮지 않으면서 괜찮은 척해야 했던 순간들까지도. 하지만 자아가 성장하며 상대가 잘못한 부분에 마음이 불편했노라고 표현하니 나의 내면이 더 밝아졌다.

자신이 성장할 수 있도록, 지혜로워질 수 있도록, 더 현명해지고 더 나아질 수 있도록 돕는 것이야말로 세상을 돕는 것, 세상에 기여하는 것의 실체다. 내가 할 수 있는 강의를 하고, 글을 쓰는 것, 그것이 타인의 인생을 돕는 것이다. 누군가 써 놓은 책을 읽으며, 내가 새로운 글을 써 가며, 변화하고 성장하는 시간을 맞이한다.
인간은 죽음에 이르기까지 무한한 성장을 이뤄 낼 수 있다. 다만 그렇게 하기로 결단하고 선택하는 사람에게만 해당되는 이야기다.

요즘은 인간의 맹점을 자주 목격한다. 거실에서 주방으로 갔다가 다시 돌아오는 일. 다시 돌아와 주방에서 했어야 할 일을 다시 떠올리고 주방으로 가서 그 일을 하는 것. 그럴 때마다 헛웃음이 나기도 한다. 나 자신의 모습을 발견하기도 하고, 주변 사람들을 관찰하면서 느끼는 것들이다. 그럼에도 불구하고 나아갈 수 있는 것도 인간의 특성이다. 그것이 인간을 성숙하게 한다.

성숙한 인간에 대해 생각한다. 최소한 누구 한 사람이라도 도울 수 있는 사람. 진짜 어른. 그냥 한 생명체로 이 행성에 왔다가 사라져 버리는 존재로 끝나는 것이 아니라 인간의 아름다운 형체로 성숙해지고 죽음에 이르는 과정을 바라는 마음이 생겼다. '나이가 들어서 못 하는 사람'이 아니라 '나이가 들어도 하는 사람'이 되고 싶다. 늙어 가면서 조금이라도 인간으로서 더 나아지기 위한 방법으로 타인을 돕는 글쓰기를 선택하겠다. 그것이 나의 첫 번째 꿈이고, 그것을 잃지 않고 이뤄 내는 것이 두 번째 꿈이다.

오랫동안 꿈을 그리는 사람은 마침내 그 꿈을 닮아 간다.
— 프리드리히 니체

나이가 들어 가면서도 결함을 이겨 낸 성숙한 인간의 탄생을 기대한다.
그리고 미래의 나에게 약속한다.
'글 쓰는 할머니로 살아가게 해 줄게.'

다시 태어나도 난 너희의 선생님이 될 거야!

조경희

은행 이자보다 두 배 많은 배당금을 준다는 말에 어학원에 1억 원을 투자했다. 계약서도 없이 투자한 뒤, 두 해 동안 가슴 졸이며 지냈다. 2007년 1월 새해와 함께 큰 결심을 했다. 남편을 설득하기 위해 며칠 동안 고민했다. 우리 가족은 경북의 작은 읍내에 살고 있었다. 남편은 동물병원 원장이었다. 학원 사업에 대해 반대하는 것이 당연했다.

나는 어릴 때부터 원하는 것은 반드시 이루는 성격이었다. 한 달 동안 설득한 끝에 남편이 허락해 주었다. 나는 '할 거면 제대로 해 보자'라고 다짐했다. 더 많은 자금을 받아 학원을 운영하기로 했다. 1년 후 결과가 좋지 않으면 포기하겠다고 약속했다. 그렇게 학원을 계약하고 인수할 수 있었다.

당시 첫째는 캐나다에서 어학연수를 하고 있었다. 둘째와 셋째는 나와 함께 플래너를 작성하며 공부를 했다. 아이들이 잘 따라

줘서 학원 인수와 인테리어도 순조로웠다. 결혼 후 처음으로 남편과 아이들을 두고 용인 교육장으로 출장을 갔다. 새벽에 동대구역으로 가는 길에는 두려움과 설렘이 가득했다.

그날따라 안개 낀 도로와 차가운 공기가 나를 떨리게 했다. '내가 성급했나? 잘못된 선택일까?' 후회가 밀려왔다. 하지만 기차 바퀴 소리가 가까워지자 정신이 번쩍 들었다. '난 할 수 있다!'라는 다짐을 되뇌며 기차에 올랐다. 눈물이 났지만, 자신감도 솟아올랐다.

3박 4일간의 교육은 힘들었지만, 나를 성장시켰다. 교육 사업이 무엇인지 배웠다. 교육을 마치고 남편에게 전화했다.
"나 정말 잘할 수 있을 것 같아!"
"그래, 믿어!"
남편의 응원에 하늘을 나는 것 같았다.

지금 나는 18년 차 학원장이며 선생님이다. 초심을 잃지 않고 학생들을 내 아이처럼 보살핀다. 부모님들과 늦은 시간까지 학생들의 성장을 돕는다. 또한, 선생님들과 협력하며 아이들을 지도한다.

학원장을 결심한 후, 관련 서적을 읽고 성공한 학원장들을 찾아갔다. 서울, 부산, 광주 등으로 탐방하며 매일 나아지는 방법을 배웠다. 매일 2시간 일찍 출근해 동네를 익히고 홍보 활동을 했다. '고민이 될 때는 부지런히 움직여라'는 부모님의 말씀을 되새기며 신규 학생 확보에 노력했다.

2007년과 2008년, 연속으로 전국 최우수 학원장으로 선정되었다. 매년 1월, 나는 최우수상을 받아왔다. 2019년에는 브랜드를 업그레이드하며 더 나은 성장을 추구했다. 코로나19 시대에도 체계적인 관리로 학생들의 실력을 높였다.

"선생님, 저는 아직도 꿈을 찾지 못했어요. 제가 무슨 일을 하고 싶은지 모르겠어요."

초등학교 2학년 때부터 영어 공부를 시작한 승민이가 지난해 어느 날 조심스럽게 다가와서 한 질문이다.

"우리 멋진 승민이 그랬구나. 지금부터 찾으면 되지! 그럼 승민이가 무엇을 좋아하는지, 잘하는지, 생각해 보면, 무비 데이 토요 영화 볼 때마다 빠짐없이 오는 걸 보면 영화 보는 것도 좋아하고, 영어 공부도 잘하니까, 영화를 만드는 사람이 되어 보는 것은 어떠니?"

승민이도 고개를 끄덕이더니 관심 있다고 하며 나눈 지난해 5월의 대화였다. 그 후 승민이를 만날 때마다 우리 둘의 이야기는 "우리 멋진 승민이, 세상 사람들에게 감동을 주는 멋진 영화 만들어 주세요. 그리고 영어 공부 더 잘해서 오스트리아 빈으로 유학 추천합니다."라고 얘기하면 "네!"라고 자신 있게 대답하며 꿈을 향해 하루하루 성장하고 있다.

18년 동안 내가 잘한 일 중 하나는 우리 친구들을 만나면 환한 미소로 먼저 웃어 주고 또 아주 작은 칭찬거리라도 찾아서 만날 때마다 얘기해 주려고 노력한다는 것이다. 초등학교 저학년 때부터 매일 자주 만나면서 평상시 나눈 나와의 얘기로 중·고등학교 올라가면서 진로 방향을 잡아 가며 꿈을 이룬 친구들이 꽤 많다.

그래서 멋진 친구들에게 계속 꿈을 이야기하고 원하게 하면, 진짜 그 꿈을 이룬다는 것을 알기에 내가 조금 더 부지런하게 계속 아이들과 만나서 이야기하려고 하는 이유 중 하나이기도 하다. 멋진 승민이도 영화감독을 하는 사람이 될 것이라고 나는 믿는다.

우리 친구들의 작은 장점을 찾아서 얘기해 주면 그 장점으로 진로와 연결해서 꿈을 이야기할 수 있고, 또 말수 적은 수줍은 아이들에게는 자신감도 찾아 준다. 또 착하고 배려 있게 매일 더 나아지는 너로 인해 세상에 좋은 영향력을 끼치는 멋진 사람이 될 수 있다는 얘기를 어릴 때부터 듣고 자란 친구들이 멋진 성인으로 자라고, 멋지게 성장했다. 그래서 '스승의 날에 꿈을 찾아 주는 선생님' 하며 사랑의 편지도 받았다. 편지 내용을 보며 눈물 흘린 사례들도 많다. 힘들 때도 있지만, 더 보람찬 멋진 에피소드 일화들로 치유받는다. 그래서 나의 일을 더 소중하게 여기며 최선을 다한다.

주 7일 중 하루이틀 쉴 때도 있지만, 오늘 같은 일요일엔 선생님과 중학생들이 오전부터 공부한다고 해서 아침 운동 장소를 공부하는 애들의 교실로 잡았다. 집에서 학원까지 걸어가고 다시 집으로 걸어오면 일만 보는 충분히 걷는 거리다. 그럼 난 운동도 하고 맛나는 점심을 선생님, 학생들과 같이 먹을 수 있어서 좋고, 또 아이들에게는 힘든 공부를 한 후 맛 나는 도시락 선물로 위로를 받을 수 있을 것이라 생각하며 기쁜 마음으로 운동화 끈을 단단히 묶고 출발했다. 역시 사랑의 도시락 선물을 받고 기뻐하는 아이들과 선

생님의 모습에서 일요일 이른 아침부터 부지런한 선택을 해서 움직인 나 스스로 칭찬하며, 보람된 하루에 감사했다.

평범한 세 아이 엄마에서 학생들의 교육과 진로를 책임지는 나 자신이 좋고, 또 20년 전 위기를 기회라고 믿고, 공부하고, 노력하며 지금까지 꾸준하게 매일 매일 최선을 다하며 여기까지 온 나 자신이 좋다.

또 꿈이 없는 평범한 아이들의 꿈을 찾아 주려고 애쓰는 나를 보며 지금 나는 매일 내가 올바른 길을 가고 있다는 것을 느낀다. 내일에 대한 애정과 학생들에 대한 사랑이 나를 계속 나아가게 한다.

오늘도 나의 사무실 주변에 학생들이 수업 들어가기 전 후에 옹기종기 재잘거리며 왔다 간다. 그 아이들에게 무한 사랑의 눈웃음과 미소로 대답한다.

"애들아, 사랑해! 힘내! 선생님이 항상 옆에서 같이 있어 줄게! 난 다시 태어나도 지금 너희들의 선생님으로 태어날 거야."

난 사랑하는 나의 제자들이 세상에 좋은 영향력을 줄 수 있는 멋진 아이들이 되도록 예쁜 말과 예쁜 행동을 하도록 지도할 것이고, 또 진심으로 사랑하며 매일 조금씩 더 나아지도록 교육하며 관리해 나갈 것이다.

삶을 바꾸는 시간, 매일 5%

김정후

"달을 보면 어떤 감정이 드세요?"

나의 첫 책 『막노동 잡부는 대체 어떤 선택을 했길래 억대 연봉자가 되었나』를 출간한 후, 소규모 강연장에서 던진 질문이었다. 첫 강연이라는 설렘도 컸지만, 사실 내 마음을 더 설레게 한 건 책 겉표지에 숨겨 둔 작은 비밀이었다. 책 오른쪽 아래, 약 5센티 길이의 붉은 선이다. 출판사 편집자에게는 불균형 디자인이 더 감각적이라며 둘러댔지만, 사실 그 선에 담긴 이유는 전혀 다른 데 있었다.

빨간색 책을 들고 강연장에서 강연하는 내 모습을 상상했기 때문이다. 사실 책 전체를 빨간색으로 디자인하고 싶었다. 하지만 당시 빨간색 표지로 출간된 유명한 자기계발서가 있었기에 '카피캣'이라는 말을 피하고자 붉은 선을 추가하는 방향으로 바꾸게 됐다. 결과가 어떻든, 과거에 상상했던 장면을 현실로 만들기 위한 나의 의도적인 행동이었음은 분명하다. 누군가는 이에 코웃음 칠지 모른다. 그러나 그 작은 행동이 사건의 인과관계를 만들었다는 사실을 깨닫게 된다면 당신은 어떤 생각이 들겠는가?

막노동 잡부로 일하던 시절에도 나는 늘 상상하는 것을 즐겼다. 작렬한 태양 아래서조차 외국인들과 회의 테이블에 앉아 진지하게 대화하는 장면을 떠올리면 미소가 절로 지어졌다. 그 상상은 결국 나를 유학의 길로 이끌었고, 화이트칼라로 변모시켜 놀라운 삶을 내게 선사했다. 상상은 달콤하지만 무의미한 공상으로 끝났을지도 모른다. 그런 상상을 중간에 멈췄다면 말이다. 만일 그랬다면 상상이 일상이 된 오늘 하루를 과연 누가 허락할 수 있었을까 싶다.

인생의 여러 굴곡에서 두려움과 불안에 움츠렸던 시기, 순풍에 돛을 단 듯 순항하던 삶에 갑자기 몰아친 폭풍처럼, 불안정한 인간관계 속에서 깊은 상처와 고통에 휩싸여 죽음을 떠올렸던 순간들. 그때마다 내 삶의 조력자가 되어 준 것은 바로 빛을 품은 상상력이었다. 과거의 나처럼 고통 속에서 헤어나오지 못하는 이들에게 전하고 싶었다. 그 절실함은 결국 나를 작가라는 길로 이끌었다. 이제 '삶을 바꾸는 시간'이라는 주제와 '매일 5%의 성장'이라는 슬로건으로 온라인 강의를 구상하고 있다. 또 한 번, 나는 '행복 상상'을 시작한 셈이다.

소중한 가치를 많은 여러 사람들과 공유하는 자신을 상상해서일까? 강의를 준비하는 시간이 그 어느 때보다 즐겁고 행복하다. 또한 2034년 〈세바시〉 강연장에서 강연하는 내 모습도 그려 본다.

대인 관계 기술 관련 전문가로서 10년 이상 꾸준히 연구해 왔고, 수많은 강의와 상담 경험을 바탕으로 이미 업계에 소문이 났을 거라는 상상을 하면서 말이다.

"지금 제가 입은 코발트 색상의 셔츠는 10년 전 이 자리를 생각해 미리 정해 놓았던 옷이에요. 어때요? 괜찮죠?"

그렇다. 오늘 이 책에도 미래를 향한 비밀 표식을 남긴다. 세바시 강연장에서 그 순간을 맞이할 날을 손꼽아 기다리면서.

퇴직까지 15년 정도의 시간이 남아 있다. 10년 후에도 나는 여전히 지금의 직장에서 업무를 보고 있을 것이다. 물론 인생이 언제나 내 뜻대로만 흐르지 않기에 예기치 않는 변화에 마음의 준비는 하면서도 말이다. 한편, 직장인이자 작가로서 〈세바시〉 강연장을 시작으로 수백 명의 청중 앞에서 열정적으로 강연하며 침을 튀기고 있을 나 자신을 그려 본다. 그것이 내 마지막 소명이라고 믿으면서 말이다.

삶의 유한함을 깊이 깨닫는 순간들이 있었다. 작년 이맘때 아버지를 잃었고, 주변의 익숙한 얼굴들도 하나둘씩 사라져 가는 현실을 실감하면서였다. 인생은 유한하다. 그런데도, 나는 여전히 헤르만 헤세의 『데미안』에서 주인공 싱클레어를 유혹했던 '낯선 세계'를 향한 나만의 묵묵한 여정을 포기할 수 없다. 비록 그 길이 자기 한계를 넘어야 하는 고통스러운 여정일지라도.

이 여정의 궁극적 목표는 단순한 성취나 결과가 아니다. 그것은 내 존재를 더 깊이 이해하고 진정한 자아를 찾는 과정이다. 그것이 시크릿의 끌어당김의 법칙이든, 무의식 속에 잠재된 내 능력을 끌어내는 힘이든, 내 삶을 이끌어 줄 이정표가 되어 줄 것이라 확신한다. 나는 여전히 상상을 멈추지 않겠다. 상상했던 길을 걸으며 나는 삶의 의미와 가치를 이렇게 되새길 것이다.

'꿈꾸는 모든 순간이 진정한 자아를 찾아가는 설레는 여정의 시작이었음을.'

당신은 어떤 미래를 보고 있습니까

황상열

사회 초년생 시절 업무를 진행해야 하는데, 방법을 몰랐다. 처음 하는 일이다 보니 프로세스도, 노하우도 부족했다. 아니, 일 자체에 대해 이해도 못 하다 보니 식은땀이 흐르고, 손은 덜덜덜 떨렸다. 그 일을 해 본 사람에게 도움을 청할 수밖에 없었다. 먼저 취업했던 선배에게 전화를 걸었다.

"혹시 이런 프로젝트를 해 본 적이 있으세요? 잠깐 시간 괜찮으시면 자문이나 자료 요청을 드리고 싶은데 시간 괜찮으신가요?"
"어! 상열, 오랜만이야. 괜찮아. 오늘 저녁에 시간 되는데 잠깐 넘어올래?"
"네, 감사합니다. 퇴근 후 선배님 사무실 근처 식당에서 뵐게요."

퇴근 후 근처 식당에서 선배를 만났다. 저녁을 먹으면서 필요한 자료를 주고, 차근차근 설명해 주었다. 감사의 인사와 답례의 의미로 저녁 식사는 내가 사려고 했지만, 이미 선배가 계산까지 미리 끝냈다. 이제 사회생활을 시작했는데, 돈도 아끼라는 차원에서 오히려 그가 나를 배려했다. 참 고마웠다.

선배에게 사회생활을 앞으로 어떻게 하면 잘할 수 있는지 물었다. 그는 작지만, 자신이 하고 있는 프로젝트가 어려움이 있어도 끝까지 완수하면 사람들에게 자신이 만든 도시를 보여 줄 수 있어 뿌듯하다고 말했다. 보다 많은 사람들에게 멋진 도시 계획을 보여 줄 수 있다면 지금 하는 일이 아주 보람이 있으니까, 너도 힘들지만 그런 마음으로 일을 하면 잘할 수 있을 거라고 격려해 주었다. 단지 돈을 벌기 위해서가 아니라 자신이 하는 일에 대한 소명을 가지고 있었다.

그 후로도 선배에게 업무적으로 도움을 많이 받았다. 그러다가 그가 지방에 있는 회사로 자리를 옮기면서 한동안 직접 만나지 못했다. 서로 사는 게 바빠서 일 년에 한두 번 정도 안부를 주고받는 것이 고작이었다. 10년이 훌쩍 넘어 얼마 전, 다시 한 모임에서 재회하게 되었다. 지금은 작은 회사를 운영하는 대표가 되었다. 주변 사람들에게 평판이 너무 좋아 일이 끊이지 않는다고 했다. 역시 그 시절부터 자신이 바라보는 인생의 방향과 목표가 확실하다 보니 그 소명대로 지금도 살고 있었다.

오랜만에 보는 선배가 참 반가웠다. 얼굴은 그대로인데 역시 세월의 흐름은 무시할 수 없었다. 주름과 흰머리가 많아졌지만 나를 보면서 환하게 보는 미소는 그대로였다. 선배를 보자마자 물었다.

"아직도 그때 말씀하신 소명대로 살고 계신가요? 저는 선배가 알려 준 대로 살고자 했지만 잘되지 않았네요. 이제야 제 소명을 찾아서 제대로 살아 보려고 노력하고 있습니다."

"반갑다. 난 그대로 살고 있지. 네가 더 멋진걸? 네가 쓴 글과 책도 잘 보고 있어. 많은 사람들에게 읽고 쓰는 삶을 알려 줬으면 좋겠어. 나도 네 덕분에 글 좀 쓰고 있다. 잘은 못 쓰지만."

"와! 진짜요? 선배의 가르침이 이제야 이해가 됩니다. 인생에서 무엇을 보고 사느냐에 따라 내 모습이 달라지는 것 같아요."

『주홍글씨』로 유명한 소설가 호손의 『큰바위 얼굴』이란 작품이 있다. 주인공이 사는 마을에 큰 바위 얼굴이라 불리는 얼굴 모양의 바위가 있는데, 이 바위와 꼭 닮은 사람이 나타날 것이라는 전설이 있었다. 주인공은 그런 닮은 사람을 만나기 위해 평생을 바쳤다. 부자와 장군, 정치가 등 유명한 사람을 만났지만, 욕심 많고 인색하며 지혜가 없는 등 한 가지가 부족했다. 그렇게 세월이 흘러 주인공은 노인이 되었다.

그는 마을에서 존경받는 사람이 되었다. 사람들은 그가 큰 바위 얼굴과 닮았다고 칭송했다. 주인공이 평생 동안 만났던 사람들에게 없었던 점을 찾았다. 그리고 사랑, 절제, 지혜 등을 장착하여 인생을 올바르게 살기 위해 노력했던 것이다.

읽고 쓰는 삶을 통해서 나는 인생을 어떻게 살아야 할지 늘 고민하고 있다. 여전히 부족한 점도 많은 사람이다. 앞으로 베풀고 나누면서 많은 사람들에게 읽고 쓰는 삶을 전파하고 싶다. 이 글을 읽는 당신은 무엇을 보고 살고 있는가? 돈, 명예, 권력 등을 보고 살아도 좋다. 하지만 자신에게 무엇이 가장 소중한지, 어떤 방향으로 사는 게 좋은지 한번 고민해 보자. 당신이 지금 보고 있는 그것이 당신의 미래를 결정한다.

2장
내가 활용하는 도구

나의 오랜 벗

김지윤

오래도록 나의 곁에 함께해 준, 든든한 친구가 있다.

사람과 갈등 관계가 생겼을 때, 난관에 부딪혔을 때, 가장 먼저 생각나는 건 관련 분야의 책이었다. 종교에 대해서 궁금한 게 생기면 종교에 관련된 책을, 갈등이 생기면 인간관계에 관한 책을, 여행을 가게 되면 그곳의 여행안내서를 찾게 되었다.

책은 내 이야기를 들어 주는 속 깊은 친구이자, 좋은 직장 동료이자, 내가 꿈꾸는 진정한 사랑이 실현되는 곳, 내 안을 들여다보는 심연 같은 곳, 내 안의 나를 만나는 수도의 시간, 작가와 토론하는 시간, 훌륭한 위인의 머리와 마음속에 들어가 보는 탐험의 시간, 내 안의 울고 있는 내면의 아이를 안아 주는 시간, 아님 새로이 꿈틀거리고 있는 열정, 꿈이 또렷해지는 시간.

그렇게 한 권, 한 권 쌓여 나갈 때마다 또 다른 나 자신을 발견하는 기분. 그 기분이 그렇게 좋을 수가 없다. 한 계단 올라간 느낌, 어제의 나보다 더 단단해지고 유연해진 나를 만나는 기분. 가끔 서점에 가서 하루 종일 손에 잡히는 대로 책을 보고 싶다. 그때의 나는 마치 미슐랭 식당의 셰프 음식을 앞에 둔 미식가, 빛나는 보석을 고르는 귀부인의 눈빛, 새로운 이성과의 소개팅을 앞둔 기분이다.

책으로 관련된 즐거운 경험은 많다. 도파민도 충족되고, 나는 책을 읽을 때 무아지경의 단계에 이른다. 독서 모임에 참석하여 책에 관하여 이야기 나누기, 서점을 차리고 누군가에게 책을 골라 주는 상상, 나의 서점에서 내가 좋아하는 북 콘서트를 진행하는 모습, 누군가의 인생을 책으로 엮어 출판해 주고픈 상상이 그러하다.

내가 좋아하는 드라마나 영화의 원작 소설을 이해하며 촘촘히 따져 보는 재미, 추리 소설의 끝을 미리 보고 작가가 어떤 미끼와 단서를 전달하는지 찾아내는 재미와 더불어 외국에서 서점을 들러 그곳의 책 특히 그림책을 둘러보는 신선함, 마음에 쏘옥 드는 책을 만났을 때 그 전율, 내 맘을 그대로 빼어 닮은 문장을 발견하고 줄 칠 때의 감동이 내 일상의 소소한 기쁨들이 되어 주었다.

잠이 오지 않을 땐 오디오북을 틀고 자도 참 좋고, 책이 무거울 땐 핸드폰 속 전자책도 좋다. 물론 종이책에 좋은 문장에 직접 밑줄을 칠 때의 그 쾌감이 더 좋긴 하다.

그 작가가 오랫동안 쌓아 온 지식, 그 사람의 시련 극복기, 그 사람의 타인에 대한 사랑 배려 아픔을 고스란히 느낄 수 있는 책이 참 좋다. 그 사람을 투명하게 들여다볼 수 있는 건 그 무엇보다 그 사람이 쓴 글이라 생각되기 때문이다.

나 또한 글을 쓰고 공저에 참여하면 되면서부터 내 머릿속 지식과 내 마음속 들려주고픈 이야기를 딱 알맞는 문장으로 적절하게 표현하는 것이 얼마나 어려운지, 그만큼의 성찰과 담금질이 필요하다는 것을 알게 되었다.

글을 쓰다 막힐 때 찾게 되는 것도 책이었다. 소설을 읽는 것은 다른 사람의 신발을 신고 그 인생을 잠시나마 걸어 보게 되어 그 사람의 강인함과 시련을 견디는 용기를 배울 수 있었고, 자기계발서에서는 또 다른 열정과 희망을, 잔잔한 에세이에서는 위로를 받았다.

고등학교 3학년 수험 생활을 앞두고는 『아! 서울대』 같은 입시 수기 시리즈를 읽으며 수험 생활 전투욕을 다졌고, 마음이 말랑말랑해지는 날에는 시집을, 머리가 복잡해지는 날엔 어린 시절 즐겨 읽던 동화책을 다시 펴 들었다. 영어 공부를 다시 시작하게 되었을 때는 영어 공부법 관련 도서를 10권 정도 다 읽고 불타는 의욕으로 뛰어들었다.

요즘에는 영어 공부를 하면서 원서를 읽는 즐거움도 새로이 알게 되었다. 그 나라의 말로 직접 읽는 것은 한국말로 번역된 번역본을 읽는 즐거움과는 또 다른 차원의 기쁨이었다. 라이브로 직접 노래를 듣는 기분이라고 할까.

어린 시절부터 책은 나에게 큰 위안이자 나의 고민을 들어 주는 속 깊은 친구가 되어 주었고, 때론 내비게이션, 타임머신이 되어 주었다. 지금은 책을 읽어 나가며 온라인 공간에 책 소개와 감상을 적어 나가는 꿈이 생겼다.

이 글을 마치는 이 순간에도 난 오늘 밤 10시에 만나게 될 나의 책을 기대한다. 이번 책은 영어 공부에 관한 비장한 각오가 담긴 책이며, 성공담이다. 직장에서의 일로 영어 공부가 필요한 나에게 정신 무장을 시켜 줄 고마운 스승이 될 것 같아 더욱더 기다려진다. 어쩌면 내일 새벽부터 일어나 영어 회화 방송을 듣게 될지도 모르겠다. 이 세상에서 제일 무겁게 느껴지는 나의 몸과 마음을 일으켜 세우게 하는 것은 항상 책이었으므로.

새로운 나를 만드는 1% 변화의 법칙

최홍미

나는 성공보다 성장을 목표로 삼고 싶다. 성장하면 자연스럽게 성공도 따라온다는 말을 책에서 읽은 적이 있다. 그 문장은 내 삶의 원칙이 되었다.

성공한 사람들의 공통된 습관은 독서, 운동, 명상이다. 이 세 가지는 단순히 성공을 위한 루틴이 아니라, 우리의 삶을 건강하고 의미 있게 만들어 주는 핵심적인 요소다.

오늘날 우리는 100세 시대를 살고 있다. 그러나 단순히 오래 사는 것보다 건강하게 사는 것이 훨씬 더 중요하다. 나에게 건강은 삶에서 최우선 가치다. 건강을 잃으면 모든 것을 잃는다는 말처럼, 건강 없이는 어떤 것도 의미를 가질 수 없다.

3년 전, 엄마가 췌장암 진단을 받으셨다. 췌장암은 생존율이 낮아 예후가 좋지 않은 병이다. 다행히 엄마는 항암 치료와 수술을 잘 견디셨고, 지금까지 건강을 유지하고 계신다. 그 과정을 지켜보면서 나는 가족력에 더 주의를 기울이게 되었다. 우리 가족에게는 당뇨와 고혈압이 있다. 이런 병들은 암으로 이어질 가능성이 크다.

건강은 예고 없이 찾아오는 위협에 맞설 수 있는 가장 강력한 무기다. 그래서 나는 평소에 건강을 지키기 위해 다양한 습관을 실천하고 있다.

나의 건강 루틴은 아침부터 시작된다. 나는 일어나자마자 양치질을 한다. 밤새 입안에 생긴 세균을 제거하고, 미지근한 물 한 잔을 마신다. 이 작은 습관은 내 몸과 마음을 깨우고 하루를 상쾌하게 시작하는 데 큰 도움이 된다.

운동은 내 삶에서 빼 놓을 수 없는 중요한 요소다. 2년 전부터 나는 걷기를 꾸준히 실천하고 있다. '누우면 죽고 걸으면 산다'는 문구처럼 걷기는 가장 쉽고 효과적인 유산소 운동이다. 걷는 동안 나는 음악을 듣거나 친구와 통화를 한다. 걷기는 몸을 건강하게 해 줄 뿐만 아니라 마음의 무거움을 덜어 주는 효과가 있다.

나는 걷기뿐만 아니라 근력 운동도 중요하게 생각한다. 뒤꿈치 들기, 계단 오르기, 스쿼트 같은 간단한 운동을 매일 실천한다. 이 운동들은 장소와 시간의 제약 없이 어디서든 할 수 있다. 특히 계단 오르기는 하체와 심폐 기능을 강화하고, 스쿼트는 하체 근력을 키우는 데 효과적이다.

스쿼트를 처음 시작했을 때는 어려움이 많았다. 하지만 꾸준히 실천하며 내 몸의 변화를 느낄 수 있었다. 지금은 매일 아침 30개의 스쿼트를 하며 하루를 시작한다. 이 작은 습관이 내 건강을 지키는 데 큰 원동력이 된다.

건강은 내 삶의 행복과 직결된다. '건강한 거지가 병든 왕보다 행복하다'는 말처럼, 몸이 건강하면 마음도 건강해지고, 삶에 대한 의욕과 기쁨이 생긴다.

나는 지금 중년에 접어들었다. 나이가 들수록 건강 관리의 중요성은 더욱 커진다. 내가 실천하는 작은 변화들이 쌓여 더 큰 변화를 만들어 낼 것이라 믿는다. 하루하루 건강한 습관을 실천하며, 나만의 성장을 이루어 가는 중이다.

건강을 지키기 위해서는 꾸준한 노력과 작은 변화들이 필요하다. 나는 현재의 작은 실천들이 미래의 나를 더 나은 모습으로 만들어 줄 것이라 확신한다. 그 과정을 통해 내가 원하는 성장과 행복을 이룰 수 있다고 믿는다.

기록하는 만큼 이룬다

김정훈

나는 아버지로부터 기록의 중요성을 끊임없이 들으며 성장했다. 나에게 끊임없이 잔소리를 하셨다. '내가 지금 얘기하는 걸 좀 적어라. 나중에 안 잊으려면 써라.', '어른이 얘기하면 메모했다가 기억해 둬야지.' 왜 자꾸 적으라고 하는 것인지 이해할 수 없었다. 내 인생에서 그렇게 중요한 일도 없을 뿐더러, 복잡한 것도 없는데 도대체 왜 자꾸 쓰라고 하는 걸까.

아버지의 잔소리 덕분인지는 모르겠지만, 어느 순간부터 필기구와 작은 수첩을 지니고 다녔다. 잘 활용했다고는 생각지 않지만, 기록을 해야겠다는 의식은 강했던 것 같다. 공부하러 가는 게 아니더라도 항상 가방을 메고 노트와 필기도구 그리고 책 한 권은 넣고 다녔으니 말이다. 어떻게든 조금이라도 기록해 보려던 내 열정은 대학 시절에 있었던 한 사건 때문에 완전히 사라졌다.

대학 시절, 나는 누군가와 얘기하면서 알게 된 것들을 어김없이 노트에 적었다. 나는 이런 자세가 당연하다고 생각하며 살았다. 하지만 나의 이런 모습을 볼 때마다 놀리는 후배가 있었다.

"뭘 그렇게 써요? 다 아는 거 아니에요? 안 써도 돼요!"

사람들이 많은 곳에서도 항상 이렇게 무안을 주었다.

어느 순간부터 수첩을 꺼내 기록하는 데 후배의 눈치를 보는 게 아닌가. 괜히 꺼냈다가 또 놀림감이 될까 싶어서 남들이 보는 곳에서 쓰는 걸 꺼리게 되었다.

몇 년 전, 후배 녀석에게 이 이야기를 하면 대수롭지 않게 장난이었다고 한다. 자신 때문에 나는 기록하지 않는 게 버릇이 되어 버려서 사회생활 하는 데 얼마나 애로사항이 컸는지 모른다. 그의 어이없는 답변을 듣자마자 실소를 터뜨린 적이 있다.

사회생활을 시작하던 때에 기록을 하지 않는 나의 태도가 구설수에 올랐다. 상사들은 평소 메모를 잘 하지 않는 나를 상당히 나무랐다. 지시 사항을 받아서 수행해야 하는데, 아무 준비도 없이 대면한 적이 너무 많았기 때문이다. 그분들은 내가 상당히 건방져 보였을 것이다. 사회 초년생이 메모할 것을 지니지 않은 채 몸만 덜렁 왔으니 누가 예쁘게 봤겠는가.

사회생활을 하면서 기록하는 습관을 만드는 게 참 힘겨웠다. 노트를 가지고 다니더라도 무엇을 써야 할지 몰랐다. 노트의 한구석에는 낙서만 한가득할 뿐이었다. 기록하는 습관을 갖기 위한 다양한 방법을 시도했다. 마음에 쏙 드는 노트와 필기구를 사면 좋을까 싶어 거금을 투자했고, 재미있게 기록할 수 있을까 싶어 색깔별로 펜을 구입해 보기도 했다.

천신만고 끝에 기록이란 것이 꽤 자연스러워졌다. 기록을 하지 않으면 어색하고 불안할 수준에까지 이르렀다. 기록하고 메모하는 게 생활의 일부가 되었다. 나는 기록을 하면서 많이 성장했다고 자부한다. 이런 이유로 쓰는 것을 중요하게 여긴다. 기록이 나에게 어떤 의미가 있고, 무엇을 기록하는지 하나씩 얘기해 보려고 한다.

첫째, 매일 플래너를 기록한다. 내 플래너에는 인생의 큰 목표부터 일일 실천 계획까지 총망라되어 있다. 표지의 앞에는 나만의 사명, 미션, 버킷리스트를 볼 수 있다. 큰 목표를 이루기 위해 내가 해야 할 것들을 적어 나간다. 일, 재정, 교육, 자기계발과 같은 항목을 나누고, 실천해야 할 것을 상세하게 쓰고, 기한까지 적어 둔다. 플래너의 목표는 계획한 것을 기한까지 잘 실천하고 있는지 살펴보기 위함이다. 항상 마지막에는 피드백까지 곁들여 반성의 시간을 가진다.

플래너의 좋은 점을 꼽으라면, 나만의 루틴을 만들며 실천할 수 있다는 것이다. 나는 매일같이 '30, 30, 30'을 실천한다. 30분 운동, 30분 독서, 30분 영어 공부를 실천한다. 내가 성장하는 데 가장 큰 도움을 받았던 도구가 바로 플래너이다. 항상 분신처럼 가지고 다닌다. 플래너가 내 옆에 없으면 불안해서 일이 손에 잡히지 않을 정도이다.

둘째, 독서 노트를 쓴다. 과거에는 독서를 많이 하는 것에만 초점을 맞추었다. 책을 읽은 다음에는 이를 표현해 봐야 한다는 걸 몰랐기 때문이다. 제대로 읽기 위해 서평이나 감상문을 반드시 쓴다. 책을 읽어도 내용이 기억나지 않은 게 한두 번이 아니었기 때문에 시작한 조치다. 독서 노트의 마지막에는 내가 해야 할 일 한 가지를 쓴다. '1독서 1실천'을 실천하기 위한 나만의 방법이다.

성공한 사람들이 독서로 성장했다는 얘기는 독서 노트와 같은 도구를 이용해 하나씩 실천해 나갔기 때문이라 확신한다. 이것이 독서 노트가 중요한 이유다.

셋째, 매일 감사일기와 성공일기를 각각 세 개씩 쓴다. 비록 짧게 기록하는 것이지만 처음에는 정말 고민이 많았다. 사람이 어떻게 매일같이 감사한 일과 성공한 일이 생기는지 의아했기 때문이다. 감사일기와 성공일기를 쓰는 행동은, 우리가 행복해서 웃는 게 아니라 웃어서 행복해진다는 것과 결을 같이한다. 감사하고 성공한 일을 찾아 쓰다 보면, 정말 그것에 가까워지고 있음을 경험한다.

범사에 감사하게 되고, 매일 작은 성공을 누리다 보면 세상의 운이 나에게 오는 느낌을 받는다. 나의 잠재의식에 좋은 흐름을 가질 수 있도록 세팅해 준다. 이런 이유로 매일같이 성공일기와 감사일기를 쓴다.

성장을 하는 데 가장 확실한 도구는 바로 '기록'이다. 내가 필요로 하는 것이 있으면 항상 쓰고 시작했다. 다이어트를 할 때도 매일 기록을 했고, 투자에 나섰을 때도 기록하고 분석했다. 기록을 통해 매년 목표를 세우고 실천하면서 즐거움을 찾고 있다. 덕분에 더 멋진 사람으로 거듭나고 있다.

단순한 쓰기를 넘어 과거보다 더 진화된 기록을 하며 효율적으로 살려고 노력한다. 눈으로 볼 수 있어야 실천하는 삶이 가능해짐을 알기 때문이다.

최고의 투자는 나 자신을 위한 투자다

연미영

"삶이란 자신을 찾는 것이 아니라 자신을 만드는 것"이라고 조지 버나드 쇼가 말했다.

우리는 우리가 원하는 사람으로 살아갈 수 있도록 노력해야 한다.

그렇다면 성장은 왜 필요한 것이며, 우리는 왜 성장을 위한 노력을 해야 하는 걸까?

이 질문에 대한 답으로 『사람은 무엇으로』의 저자 존 맥스웰의 말을 인용하자면 다음과 같다.

'우리는 우리의 가능성을 세상에 펼치기 위해서 성장이 필요하다. 좋은 사람들을 만나기 위해 몸을 움직여야 한다. 내가 성장하면 그 성장은 다른 사람의 성장으로 이어진다.'

결국 우리는 함께 성장하기 위해 나 자신을 먼저 성장시켜야 한다는 것이다. 다른 사람을 성장시키겠다는 목표까지는 아니더라도 나 자신을 위한 성장을 위한 몇 가지 습관을 소개한다.

1) 책 읽기

가장 먼저 하는 습관은 바로 독서이다. 내가 독서를 좋아하게 된 건 스무 살 무렵이었다. 어학연수를 갔었고, 그 당시 내가 다니던 대학교 근처에 큰 대학 도서관이 있었다. 그리고 그곳엔 '한국어 문학' 코너가 마련되어 있었다. 여유 시간이 나면 틈틈이 도서관에 가서 책을 읽었다. 그때는 책 읽는 것이 정말 좋아서인지 도서관에 가면 나는 특유의 공기마저 좋아했었다. 그렇게 가끔은 커피를 한잔 사 들고 가서 시간 가는 줄 모르고 소설책을 읽고 오곤 했다. 내 인생에 다시 없는 몰입의 시간이었으리라…. 아마도 그 시절 나는 낯선 환경에서 한국어 책을 읽으며 향수병을 달랬던 것 같다.

그때 도서관에서 처음으로 읽었던 책이 바로 공지영 작가의 『봉순이 언니』이다. 나는 이 책을 정말 재미있게 읽었고, 그 이후로 독서에 취미를 붙이고 여러 가지 책을 닥치는 대로 읽기 시작하였다.

스무 살 무렵에는 자기계발서를 주로 읽었는데, 이런 책들은 동기 부여가 되어 나를 더 열심히 살게 했다. 직장에 다닐 때는 재테크나 부동산 관련 책들을 읽으며 지식을 넓혀 갔다.

지금도 인생에 힘든 일들이 생기고 해답이 궁금할 때는 책을 꺼내 든다. 나는 나의 이런 독서 습관이 내 삶을 더욱 풍성하게 해 주었다고 생각한다.

2) 외국어 공부

나는 태생이 호기심이 좀 많다. 다른 나라 문화, 언어, 풍습에도 관심이 많다.

좋아하는 과목은 세계사, 좋아하는 책은 『먼나라 이웃나라』 같은 류의 도서였다.

그런 내게 외국어 공부는 재미가 있었다. 나는 가요보다 팝송이 더 좋았고, 한글로라도 적어서 따라 부르는 걸 좋아했다.

이제는 세종대왕님이 만드신 한글의 위대함을 안다. 그래도 외국어 공부가 주는 장점을 무시할 수 없다.

관광통역사 일만 하더라도 이 일을 하게 됨으로써 정말 다양한 사람들을 만날 수 있었다.

다른 나라로 여행을 가도 그 나라 말을 할 줄 안다면 더 다양한 경험이 가능할 것이라고 생각한다.

3) 운동하기

내가 가장 즐겨 하는 운동은 '걷기'이다. 이유는 시간과 장소의 제약이 없으면서도 큰 노력이 들이지 않고 쉽게 할 수 있어서이다. 마음이 울적할 때, 머리가 복잡할 때, 뛰기는 정말 싫을때⋯ 늘 선택했던 건 걷기였다. 그저 걷는 것만으로도 잡념이 머릿속에서 서서히 사라져 갔다. 매일 만 보 걷기라는 목표를 정하고, 오늘도 또 얼마나 걸었나 무심결에 확인하게 된다. 그리고 올해도 어김없이 매일 만 보를 걷겠다는 새해의 다짐을 세워 본다. 그리고 힘들이지 않고 꾸준히 할 수 있는 스트레칭이나 요가 같은 운동들이 좋다. 별다른 시설이나 큰 공간이 필요하지 않기 때문이다. 지금은 힘들어도 흘리는 땀 한 방울의 가치가 얼마나 큰지 안다.

좋은 습관들은 나를 성장시켜 주고, 더 큰 나로 연결시켜 준다. 인생의 쓴맛을 보다 많이 알게 된 지금, '노력은 배신하지 않는다'는 말이 좋아진 이유이다.

마인드맵의 마법

강성희

한창 유행했던 MBTI를 보면 '누군가는 나 때문에 상처를 많이 받았겠구나' 하고 생각했다. 누군가를 위로하고 돕는다는 것은 어렵다. 그리고 매우 다르다는 것을 느낀다.

사람들은 자신의 마음이 힘들거나 화가 날 때, 제일 먼저 다른 사람들에게 위로받기를 원한다. 그런 면에서 나는 반대의 성향이 더 많이 내재되어 있다. 그래서 누군가에겐 나의 위로가 위로이지 않았을 가능성이 매우 높다.

목표지향적인 성향이 매우 강하다. 늘 새로운 목표를 설정하고 그 목표를 이뤄 나가며 매일을 산다. 목표라 하면 사람들은 매우 거창하게 생각하나, 나의 목표는 생각보다 소소하고 작다. 그래서 이룰 확률도 매우 높다. 그렇게 난 매일 성취감을 느끼며 하루를 살아간다.

그런 내가 가끔 목표를 잃고 방황할 때가 있다. 정확히 말하면, 힘든 상황 속 목표를 정하지 못하고 갈팡질팡하고 있는 것이 맞겠다. 그럴 때가 정신적으로 참 힘들다.

무언가 결정해야 할 타이밍이 도래하면 마음을 들여다보기 위해 나만을 위한 공간을 찾는다. 아늑한 동굴로 향한다.

동굴 속엔 내가 좋아하는 것들로 가득하다. 커피 한잔, 펜과 종이를 꺼내 든다. 그리고 마음을 들여다보기 위해서 마인드맵을 그린다. 마음을 지도로 펼쳐 멀리서 지켜보면 비로소 마음을 진실되게 볼 수 있다.

마인드 맵은 객관적이고, 직관적이며 솔직하다. 현실적이고 실행 가능성이 높다.

마음을 들여다보기만 해도 실수를 줄일 수 있고, 인정도 빠르게 할 수 있다.

한 가지 예시를 들자면 마인드맵으로 마음을 들여다보면 부부 싸움(연애 싸움)도 줄일 수 있다. 서로에게 상처가 되었던 감정적인 마음을 한눈에 볼 수 있다. 객관적으로 상황을 바라보고, 서로의 관계가 악화되지 않도록 도울 수 있다.

평정심을 잃은 그 순간 마인드맵을 통해 자신의 마음을 깨닫게 될 것이다.

펜 끝에서 나온 나의 마음을 마주하며 나 스스로에게 묻는다.

마음과 솔직한 대화를 하다 보면 마음 종착지가 보인다.
　감당해 내야 할 것들과 버릴 것들이 수면 위로 서서히 떠오른다. 마음의 결과를 받아들이자. 그것이 마인드맵을 하는 첫 번째 이유이자 마지막 이유이다.

　마음을 들여다볼 수 있는 용기는 그 어떤 무기보다 강하다. 스스로를 돌아보면 새로운 방향이 보인다. 마인드맵을 통해 감추고 싶은 마음을 들킬 필요는 없지만, 스스로에게는 숨기지 말았으면 한다. 분명 어제의 당신보다 성장해 있을 것이다.

아픔도, 성장도, 시작은 읽고 쓰기였다

홍성화

중학교 1학년 때 '과학의 날' 행사로 독후감을 썼다. 최우수상에 뽑혔다. 친구들과 선배들을 모두 제치고 내가 1등을 한 것이다. 환경 문제에 관심도 없었고, 잘 몰랐다. 겨우 책 한 권을 읽고 오존층 파괴로 인한 피해와 미래에 대한 우려, 그리고 해결 방법과 생각을 덧붙였을 뿐이다. 어떻게 써야 독후감을 잘 쓰는 건지도 몰랐다. 스스로도 믿기가 어려웠다. 과학 선생님께서는 신입생인 나를 대견하게 생각하셨겠지만, 친구들은 의아하다는 표정이었다. 책과 안 친해서 책을 읽으면 글자만 읽을 뿐 내용이 잘 이해되지 않았다. 읽은 부분을 읽고 또 읽어야 겨우 이해하는 수준이었는데, 어쩌다 보니 독후감이 잘 써졌다.

그러다 일주일 뒤 '최우수상'이 '우수상'으로 바뀌었다. 도 대회로 내보낼 예정인 내 작품을 수정해야 한다고 했다. 그래서 딴에는 열심히 고친다고 고쳤는데, 그러면 그럴수록 더욱더 맘에 안 드는 글이 되었다. 얼떨결에 잘 써진 글을 더 잘 써 보려고 했더니 오히려 역효과가 났다. 시간을 마냥 끌 수 없어 과학 선생님께서는 우수상이었던 2학년 언니의 작품을 최우수상으로 올리고 내 작품을 우수상으로 내리자고 하셨다. 바보같이 난 아무런 대꾸도 못 했다.

벌써 25년도 더 지난 일이다. 지금이라면 어떻게든 제대로 수정해서 냈을 텐데, 중학교 1학년이었던 난 주위의 도움도 방법도 찾지 못했다. 생각해 보니 글쓰기에 내공이 전혀 없었다. 일단 글을 잘 쓰려면 독서가 뒷받침되어야 하는데, 책을 좋아한 환경이 아니었다. 읽어 본 경험도 거의 없었다. 글을 왜 써야 하는지도 몰랐고, 어떻게 쓰는 건지도 몰랐다. 왜 고쳐야 하는지 생각해 본 적도 없다. 무지했다. 자존심과 자존감이 무너지는 이런 사건을 겪고도 충격도 받지 않았다. 그렇게 30대 후반까지 잊고 살았다.

서른여덟, 평탄했던 내 인생에도 지진이 일어났다.
눈에 넣어도 안 아픈 셋째가 2018년 9월 18일에 급성 림프모구성 백혈병 진단을 받았다. 당장 오늘 내일도 기약할 수 없었다. 병원을 학교처럼 드나들었다. 다시 건강을 찾은 듯 컨디션이 최고였는데, 5차 항암을 시작하자마자 재발이라고 했다. 피가 마르는 시간을 벗어났더니 얼마 못 가 이번에는 폐렴에 걸렸다. 사망 확률이 올라갔고, 24시간을 급박하게 다퉜다. 살면서 이런 공포가 또 있을까 싶을 정도로 너무 무서웠지만 내 새끼는 내가 살려야겠다는 마음으로 버텼다. 가까스로 퇴원을 했고, 또다시 난 닥치는 대로 건강 관련 책을 읽었다. 파먹다시피 했다. 더 이상 건강에 무지한 엄마가 아니었다. 셋째가 두 번의 큰 산을 넘고 치료도 안정적으로 받게 되면서 '이제 살았다'라는 안도감이 생겼다. 내일을 그리지 못했는데 희망이 그려지자, 그동안의 삶을 되돌아보게 되었다. 잠시 어지러웠던 인생을 정돈할 때가 왔다고 생각했다. 언젠가 완치 받을 상상을 하니 미래의 내가 지금에 머물러 있는 게 싫었다. 그 순간 글이 쓰고 싶어졌다. 내 인생의 유일한 내 책을 세상에 내놓고 싶었다. 심장이 미친 듯이 나댔다. 당장 노트를 펼쳤다. 동기 부여가 차고 넘쳐서 금방이라도 쓸 수 있을 것 같았다. 거침없이 한 권이 뚝딱 나올 줄 알았다. 아니었다. 쓰고 싶은 얘기가 한 트럭은 되는데도 안 써졌다. 또다시 준비되지 않은 욕망일 뿐이었다.

머릿속에 가득 차 있던 생각들이 뒤죽박죽 뒤엉켜서 한 글자, 한 줄도 쓸 수가 없었다. 화가 났다. '왜? 도대체 왜 안 써지는 거야? 왜?' 답답했다.

'글쓰기 재능이 그렇게도 없나?'라고 한탄을 하다 중1 때가 떠올랐다. 내 글을 지키지 못해 최우수상이었다가 우수상을 받고도 아무런 말도 못 했던 나. 다시는 그렇게 살지 않으리라 마음먹었다. 내 글을 키우고 내 작품을 지킬 줄 아는 사람으로 성장해 나가자고 다짐했다. 그때 본격적으로 글을 쓰게 될 동기를 만들어 준 일이 찾아왔다.

2021년 2월, 서울아산병원에 간 날 故 정주영 20주기 추모 독후감 대회를 알았다. 『이 땅에 태어나서』를 완독하자 쓰고 싶은 온도가 100℃로 올라갔다. 마감이 임박해 잠자는 시간을 줄여 간신히 썼다. 대상 명단에 '홍성○'이라고 써 있었다. 순간 나인 줄 알았는데, 마지막 글자가 아니었다. 보란 듯이 또 무너졌다. 죽을힘을 다해 썼다고 자부했는데, 심사 결과가 실망스러웠다. 한동안 많이 괴로웠다. 존경하는 인물이고 본받을 게 많아 넘치는 의욕으로만 쓴 게 문제였다. 생각이 한쪽으로만 쏠려 글을 흐렸다. 지나친 욕망과 욕심에 눈이 멀었다. 최우수상을 수상한, 성과 이름이 나와 아주 비슷한 분의 글을 다운로드해서 읽어 본 후에야 객관화가 되었다. 내 글을 있는 그대로 볼 수 있게 되었다. 비록 수상에서 멀어졌지만, 내 글이기에 중요한 자료로 보관하고 있다. 다음에 또 기회가 왔을 때 반면교사로 삼을 수 있는 기록이기 때문이다. 기록은 그 자체로 쓸모가 있다고 생각한다.

크게 반성했다. 근거 없이 욕심부리지 말고 글쓰기부터 연습하기로 했다. 남편의 권유도 있었다. 블로그의 '블'도 몰랐던 내가 2021년 3월 30일에 글을 쓰기 시작했다. 소소한 일상을 일기처럼 편하게 쓰기로 했다. 잘 쓰든 못 쓰든 쓰는 게 답이니 꾸준히 쓰고 있다. 1개의 글이 4년이 지난 지금은 1,600개가 넘었다. 먼저 이웃 신청이 들어오고, 진심으로 읽고 정성이 담긴 댓글로 소통해 주시는 이웃님들 덕분에 계속해서 쓸 수 있었다. 다른 이웃의 글과 내 글도 매일 읽어보면서 글의 개성과 맛을 느낀다. 답방을 다니고 댓글을 다는 모든 것이 읽고 쓰기 연습이 됐다. 이 자리를 대신해 이웃님들께 온 마음으로 감사드립니다.

시작한 이상, 10년은 무조건 쓰기로 했다. 맨땅에 헤딩하며 깨우친 블로그라서 보람도 엄청나다. 2023년에 두 번 떨어지고 세 번째에 합격한 브런치도 어느덧 운영한 지 1년 6개월이 됐다. 아직 블로그만큼은 아니지만, 브런치도 주기적으로 발행하고 있다. 2024년 7월에는 충남도서관에서 『닥치고 글쓰기』의 저자 황상열 작가님의 글쓰기 강연도 우연히 들었다. 그날 밤 블로그에 후기를 써서 작가님께 메일을 보냈다. 하루 지나 답장이 왔고, 글쓰기에 동력을 달아 주셨다. 덕분에 지금 글쓰기 수업을 듣고 있다. 올해 내가 선택한 것 중 가장 잘했다. 정말 감사하다. 과거의 실수와 경험은 글을 써 나가면서 밑거름으로 사용하기로 했다. 공저와 개인 저서도 준비하고 있으니 이제는 책 쓰기도 조급해하지 않기로 했다. 나를 믿고 마음이 시키는 대로 할 거다. 블로그와 브런치 외에도 명언 필사와 다이어리 기록, 낭독, 책 읽기 모임 등을 하고 있는데, 해가 바뀔수록 읽고 쓰기를 밥 먹듯 편안하게 하고 싶다. 진하게 소통하면서 점점 더 나아지는 내가 되고 싶다. 아이들 육아만으로도 지칠 그때 내가 왜 잠자는 시간을 줄여 가면서까지 그렇게 책을 읽었는지, 애가 타도록 글을 쓰고 싶어 했는지 그 본심을 깨달았다. 내가 나를 잘 몰라 헛헛했다. 진짜 나를 만나기까지 40년이 넘게 걸렸다. 나도 잘 몰랐던 나의 내면세계를 제대로 들여다보려고 분투한 과정이었다. 행복하기 위해 표출하고 표현해야 했던 수단이 책 읽기와 글쓰기라는 걸 중년이 되어서야 깨달았다. 제대로 알았으니 이제는 즐길 일만 남았다. 읽고 쓰는 사람 하면 홍성화가 단박에 떠올려지도록 오늘도 나는 책과 노트북을 들고 도서관으로 간다.

기록이 시작이다

양지욱

팀 페리스는 "18살 이후 나는 모든 것을 기록으로 남겨 왔다. 높이 2미터가 넘는 내 책장은 그 노트들로 가득 차 있다. 그 노트들은 내가 깨달은 인생의 비결을 한데 모은 것으로 내 삶의 목표는 한 번 배워 읽힌 지식과 경험을 두고두고 꺼내 쓰는 데 있다."라고 『타이탄의 도구들』에서 말하였다. 책의 내용보다 18살 이후의 모든 것을 기록으로 남겼다는 사실이 더 놀라웠다. 어떻게 실천할 수 있었을까?

나는 거창한 목표나 특별한 재능을 가진 사람이 아니다. 단지 죽기 전에 책 한 권을 써서 이름을 남기고 싶은 막연한 꿈을 지니고 살았다. 그런 내가 어쩌다 글쓰기를 시작하여 벌써 작가가 되었다.

2020년, 코로나19가 왔다. 퓰리처상을 수상한 토마스 프리드만이 "세계는 이제 코로나 이전인 BC(Before Corona)와 코로나 이후인 AC(After Corona)로 구분될 것이다."라고 주장한 것처럼, 나도 코로나19 이후 삶이 완전히 바뀌었다. 코로나19로 학교에서 할 수 있는 일이 없어서 나 자신을 찾기 시작했다. 『김미경의 리부트』에서 온라인 건물을 만들어야 한다는 글을 읽고 블로그에 글을 포스팅하기로 결심했다. 주제를 무엇으로 잡을지 고민하였다. 2021년 5월에 일상의 기록과 함께 블로그 글쓰기 주제를 문학·책으로 정하였다. 그 해가 가기 전에 책 100권을 읽고 독후감 쓰기로 굳게 마음먹었다. 처음에 『조그맣게 살 거야』를 읽고 책 사진과 몇 문장을 베껴 쓰고, 그 책과 이별하려 한다고 글을 올렸다. 책 한 권 읽고 짧은 감상문을 쓰는 데도 읽는 시간과 느린 타자 속도, 노안으로 인해 7시간 넘게 걸렸다. 중노동이었다. 생각처럼 쉽지 않았다. 한 달 후 '누가 시키지도 않았는데 내가 왜 이 고생을 하고 있을까. 이대로 포기할까.'라며 날마다 고민하는 날이 지속되었다. 6월 30일 블로그에 비공개로 '나는 쓰지 않기로 하였다. 쓰기는 정말 아니다.'라고 쓰기도 했다. 그러다 7월이 왔다. 마음을 바꾸었다. 욕심을 내려놓았다. 100권 읽기를 포기하는 대신 글쓰기는 계속하기로. 목표를 바꾸자, 마음과 시간의 여유가 생겼다. 그 힘든 시간을 가까스로 넘길 수 있었다.

그때 집에는 15년 넘게 같이 사는 강아지 두 마리, 별과 구름이 있었다. 별이 제대로 걷지 못하기 시작했다. 이별의 순간이 어느 순간 찾아올 거라는 예감이 들었다. '이 아이들이 떠나면 어떡하지! 보고 싶을 때는?' 사진이 있나 핸드폰을 뒤져 보았다. 몇 장만 있었다. 예뻐할 줄만 알았다. 왜 사진으로 남기지 않았을까. 지금부터라도 사진을 찍어 블로그에 올려놓으면 이 아이들이 이 세상에 없어도 볼 수 있으리라는 생각이 들었다. '개를 기르다'라는 카테고리를 만들어 사진과 함께 기록하기 시작했다. 별과 구름의 일상을 기록하며 잃어버린 시간을 다시 붙잡는 느낌이 들었다.

  20여 년 동안 국내외 여행을 많이 다녀왔다. 그 어디에도 기록한 것이 없다. 사진 몇 장만 스마트폰에 남아 있다. 가끔 그 사진을 들여다보면 조각난 기억처럼 하나둘 따로 떠오르고, 완전한 여행 이야기로 연결하기가 무척 어려웠다. 후회스러웠다. 다시는 이 바보 같은 감정을 더 이상 느끼지 않으리라.

  영화 〈AI〉에서 감정을 가진 최초의 인조인간 데이빗이 남겨진 머리카락으로 복원된 엄마와 하룻밤을 보내면서 자신의 가장 행복한 하루를 만든 것처럼 강아지가 떠난 후 보고 싶은 날은에는블로그 안에서 그 아이들을 만난다. '별, 구름! 지금은 아프지 않지?'라고 물어보곤 한다.

  가끔 서귀포시 보목동 앞바다의 섶섬이 그리운 날이 있다. 그날은 블로그에서 바다를 들여다보며 '기록하니 참 좋다! 아주 잘했어.'라며 나에게 칭찬을 아끼지 않는다. 특히 지인에게 제주도 여행지를 추천받으면 블로그를 열어 내가 쓴 글과 사진을 보여 주면서 설명한다. 카카오톡에 공유하고 반드시 가 보라고 하고 있으니, 이보다 더 좋은 일이 어디 있겠는가? 특히 제주도 여행지 루브린 라운지 카페에서 만난 '사랑해, 내 인생', '넌, 참 예뻐.'와 카멜리아 힐에서 마주친 '곧 빛날 내 인생'이라는 문장을 좋아한다. 처음 만났을 때 콩닥콩닥 가슴이 뛰었다. 지금도 읽을 때마다 자존감을 올려준다. 또한 〈건축학개론〉 촬영지였던 카페 '서연의 집'에서 만난 '우리 십 년 뒤에 뭐 하고 있을까.'라는 문장은 20대 마음으로 돌아가 앞날에 대한 설렘을 설계하게 만든다. 문장들은 사진으로 찍혀 블로그

안에서 항상 나를 보며 웃는다. 나를 다독이며 어떻게 살 것인가에 대한 가장 아름다운 대답을 보여 준다.

블로그 글쓰기를 시작한 지 두 달 후, 글쓰기가 나와 잘 맞는다는 생각이 들기 시작할 무렵, 여름 방학에 블로그를 운영하는 동료 교사를 만났다. 그 선생님은 글쓰기는 배워야 한다고, 스승님이라 부르는 작가님을 소개했다. 글쓰기 강의를 듣기 시작했다. 줌으로 온라인 강의를 듣는 과정 중에 작가가 계속 탄생되었다. 신생 작가는 수강생을 대상으로 온라인에서 출판 기념 강의를 했다. 몇 번의 강의를 듣자, 빨리 글을 쓰고 책으로 출판하여 작가라는 타이틀을 가지고 싶었다. 작가님의 말에 따라 2021년 10월 15일 금요일에 일기를 쓰기 시작했다. 처음에는 단순히 생각나는 대로 적었다. '돌아서면 까먹는다. 어제 사용한 단어들, 어제 읽었던 문장, 어제 만졌던 강아지 '별', 자꾸만 나에게서 지워져 가는 기억들…' 특별할 것이 전혀 없는, 평범한 기록이었다. 그러나 날이 갈수록 글의 내용이 조금씩 달라지기 시작했다. 단순한 기록에서 벗어나 감정, 고민, 생각을 적기 시작했다.

2024. 11. 22. 금요일
너무 쉽게 글을 쓴다. 사색의 결정체가 아닌, 빈 껍데기인 모방에서 나와 사라질 문장들. 그 문장들 앞에서 자꾸만 초라해지는 나. 고민이 없는 글은 그래서 모방으로 끝난 글은 누구의 환영도 받지 못한다. 그래서 슬프다. 아무도 알아주지 않는 글이어서. 어떻게 해야 할까?

이처럼 일어나는 일과 내면의 반응을 글로 옮기다 보니, 일기 쓰기는 단순히 나를 돌아보는 데 그치지 않았다. 내 삶을 새로운 시선으로 바라보게 되었다. 매일 조금씩 쌓이는 기록은 나를 성찰하게 했고, 그 과정을 통해 글쓰기가 단순한 작업이 아니라 내면을 탐구하는 도구임을 깨달았다. 더 나은 글을 쓰고 싶다는 열망도 커졌다. 문장을 다듬고, 어떻게 표현할지 고민한다. 평범한 하루를 더 풍부한 언어로 담아내기 위해 사물을 자세히 관찰하고, 사람의 이야기를 귀 기울여 듣는다. 글을 쓰는 것은 단순히 머리로 하는 일이 아니라, 삶 전체를 이끌어 가는 작업이다.

현재 24번째 일기 노트. 365일 하루도 빠짐없이 일기를 쓴다. 그것은 글쓰기의 원천이자 삶을 살아가는 방식이다. 여행을 갈 때면 일기장을 반드시 챙긴다. 제주도, 강원도, 일본, 오스트리아 등 어떤 여행지에서도 새벽에 일어나 일기를 쓴다. 나도 모르게 일기 쓰기 중독자가 되어 버렸다. 그래서 더 행복하다면 믿을 수 있겠는가.

기록하는 습관은 나를 작가로 만들었다. 글을 쓸 때 필요한 것은 대단한 용기나 거창한 목표가 아니다. 그저 하루의 어느 시간을 정해서 일어난 일에 대한 사실, 생각, 감정을 기록하면 충분하다. 5분 동안 일기장이나 블로그에 어제 있었던 일 중 하나를 골라 운동복 걸치듯이 기록해 보자. 언젠가 삶이 글이 되는 날을 넘어 글이 삶이 되는 날이 있을 테니.

나를 만들어 가는 것들

최경희

누군가의 다정한 눈빛, 누군가의 응원의 메시지, 맑은 하늘, 새롭게 솟아나는 생명들, 추위가 와도 살아남는 나무들, 역동적으로 살아 있는 바다, 누군가 써 준 문장들, 함께하는 사람들의 에너지, 건강한 식재료, 평안을 주는 음악, 가끔은 찾아갈 수 있는 미술관, 언제든 연결이 되어 주는 도서관, 나를 믿어 주는 사람들, 따뜻한 차 한잔, 맑고 투명한 햇살, 가끔은 피부의 솜털까지도 만지고 가는 바람, 겨울 햇살과 맑고 차가운 공기, 계절 따라 바뀌는 나뭇잎의 색깔들, 인사를 받아 주는 작은 사람들, 책장에 꽂힌 책들, 새로운 소식들을 전해 주는 채널들, 그럼에도 불구하고 견디어 내는 사람들, 밤하늘의 밝은 달빛, 작은 호의에 화답하는 생명들, 포근한 잠자리, 따뜻한 물, 어둡던 밤을 헤치며 솟아오르는 태양. 이 모든 것들이 하루하루 나를 만들어 간다.

우리에게 연결된 에너지가 우리 삶의 도구가 된다. 물건을 정리하다 발견한 소중한 보물들이 있다. 30여 년간 나를 스쳐 간 삶의 동지들이 있다. 그들이 나에게 남겨 준 메시지들. 20대에 가장 많았던 것은 친구들과의 손 편지, 직장 동료들과의 짧은 카드 메모, 그 후 가르치는 직업을 가지면서 어린 제자들이나 후배들, 강의로 만났던 사람들이 주었던 마음들이 기록된 편지들을 꺼내어 볼 때의 충만함과 감사와 위로가 있다. 특히 힘이 드는 시기를 지날 때 그들의 메시지가 나에게 더 강력한 에너지가 된다. '그렇지, 나 그런 사람이지. 그래, 더 나아가자!' 하는 마음으로 다짐하는 시간을 갖게 된다.

때론 나를 만들어 가는 좋은 것들이 있는 반면에, 그렇지 않은 것들이 있었다. 그것들은 너무 사악해서 내 인생을 혼란스럽게 할 때가 있었다. 어떨 때는 태풍이 만들어 낸 거대한 파도가 되어 나를 휘감아 모랫바닥에 내동댕이쳤고, 언제는 바닥에 틈이 있어 물이 새어 드는 배처럼 계속 퍼내도 가라앉을 것 같은 두려움과 고통을 주기도 했고, 때로는 끝나지 않을 것 같은 먼 길을 버릴 수도 없는 고장 난 차를 끌고 가야 하는 것 같은 괴로움을 주기도 했다.

모두 잘못 연결된 에너지들이었다. 물론 선택은 자신이 했던 것이라 그 책임은 오롯이 나의 것이 되었다. 내가 아니면 감당할 사람이 없고, 내가 아니고서는 그다음의 나로 나아갈 수 없기에.

하지만 그것은 오로지 나쁜 것만이 아니었다는 것을 이제는 알게 되었다. 그 과정도 나였고, 그것을 통과한 것도 나 자신이었다는걸.

나를 만들어 가는 것들은 나와 닿아 있는 것들이다. 내가 생각하는 방향, 내가 바라보는 시선, 내가 만지는 그것들, 내가 선택한 상황들, 나와 연결된 것들이 또 나를 만들어 갈 것이다. 또 실수를 할 수 있겠지만, 이젠 두렵지 않다. 난 그것을 지나 더 나은 내가 될 테니까.

감사로 시작한 최고의 하루들이 답이었다

조경희

교육 사업을 시작했을 때, 나는 많은 시행착오를 겪었다. 혼란 속에서 방향을 잃고 방황하기도 했다. 그러던 중 우연히 읽은 한 경영서가 내 인생을 바꿔놓았다. 그 책에는 '실패를 두려워하지 말고, 반복을 통해 개선하라'는 말이 있었다. 이 문장은 내 마음에 깊이 새겨졌다. 이후로 실패를 두려워하지 않게 되었고, 매일 조금씩 개선하기 위한 작은 변화를 시도하게 되었다.

매일 아침 감사 명상을 한다. 감사하는 마음이 모든 일을 잘 풀리게 한다고 믿는다. 김혜자 배우님의 책 『생에 감사해』는 내가 늘 곁에 두는 필독서다. 어떠한 문제가 일어나도 '감사해요. 더 나쁘지 않아서 다행'이라고 먼저 말하고, '이 상황에서 어떻게 하면 모두가 더 좋게 나아질 것인가?' 질문하며 해결해 나갔더니 운 좋게도 빨리 해결되고, 더 좋은 일들이 많이 일어났던 것 같다. 이렇게 독서를 통해 사고방식을 바꾸고, 새로운 아이디어와 지식을 쌓으며 나는 성장했다.

나는 어릴 적부터 사람을 좋아하고 지루한 일을 싫어했다. 매일을 재미있게 보내기 위해 노력했다. 변화와 자극을 추구하며, 매일 조금씩 나아가는 습관을 만들었다. 특히, 『변화의 시작 하루 1%』라는 책은 내 삶에 큰 영향을 주었다. 지금도 매일 초등학생들에게 45분씩 영어와 수학을 가르치는 이유이기도 하다. 꾸준한 학습으로 학생들은 계속 성장한다.

사람들은 나를 밝은 에너지와 회복탄력성을 가진 명랑한 사람이라고 말한다. "매일 어디서 그 밝은 에너지를 얻나요?"라고 묻는다. 나의 답은 항상 같다.
"일상에 대한 꾸준한 감사와 습관 덕분이다."

운동은 내 일상의 중요한 부분이다. 결혼 후, 남편 덕분에 새벽 5시 30분에 일어나 하루를 시작하는 습관이 생겼다. 남편은 집집마다 아픈 대동물들을 치료하기 위해 출근하고, 난 새벽 테니스 레슨을 받았다. 지금도 매일 아침 만 보 걷기를 한다. 이 습관이 나를 건강하게 만들었다. 나는 운동 덕분에 활기찬 하루를 시작한다.

글쓰기도 내 삶의 일부다. 글쓰기는 나의 생각을 정리하고 문제를 해결하는 데 도움을 준다. 처음에는 감정을 표현하는 수준이었다. 점차적으로 복잡한 문제를 분석하고, 해결책을 찾는 능력이 생겼다. 글쓰기를 통해 내가 원하는 것과 해결하고 싶은 문제를 명확히 할 수 있었다.

메모하는 습관도 중요하다. 매일 해야 할 일을 정리하고, 우선순위를 매긴다. 기록은 효율적인 시간 관리를 가능하게 한다. 매일 아침 플래너와 일정 관리 앱으로 목표를 세우고, 일정을 계획한다. 이를 통해 중요한 일을 먼저 처리하고 시간을 낭비하지 않는다.

나는 배움을 좋아한다. 50대 후반에는 교육대학원 석사 과정을 수료했다. '마음을 망치면 교육도 망친다'는 교수님의 말씀은 내게 큰 깨달음을 주었다. 아이들이 실수하거나 공부를 어려워할 때, 그들의 마음 상태가 가장 중요하다는 것을 알게 되었다. 행복하고 사랑받는 아이들이 더 잘한다는 것도 배웠다.

교육 사업은 내 적성이고 꿈이다. 독서, 운동, 메모, 공부는 모두 나를 성장시키는 원동력이다. 이 시간들이 오늘의 나를 만들었다. 앞으로도 계속 운동하고, 독서하고, 메모하고, 공부할 것이다.

최근 유튜브에서 김미경 강사님의 영상을 보았다. '매일 10년 이상 꾸준히 하면, 다음 10년 후 더 탄탄한 삶이 기다린다'는 말이 인상적이었다. 나도 자신감을 얻었다. 10년 후의 내가 더 나은 모습으로 기다리고 있을 것이라는 믿음이 생겼다.

현상과 본질

김정후

"여기에 사인 좀 해 주세요."

일면식도 없던 사람이 내 책에 나의 이름과 사인을 부탁했다. 신박했다. 책을 읽던 사람도, 글을 쓰던 사람도 아니었던 내가 이런 요청을 받았기 때문이다. 어머니는 가끔 이런 말씀을 하신다.

"우리 집안에 책 쓰는 사람이 나올 줄이야, 누가 알았겠니?"

그렇다. 그래서 이런 반응이 내겐 여전히 어색하고 낯설기만 하다. "삶은 고통이다"라고 말한 철학자 쇼펜하우어의 말처럼, 나에게는 삶은 큰 고통이었다. 이를 벗어나려 책을 뒤적였고, 그 과정에서 얻은 깨달음을 많은 사람들과 나누고 싶었다. 그래서 책을 출판한 것뿐이다.

관리자로 승진하며 누구나 부러워할 만큼 탄탄대로를 걷는 듯 보였다. 하지만 사람들과의 소통에서 극심한 스트레스와 정신적 압박으로 인해 나는 죽음의 문턱에 이르렀다. 미친 듯이 지인을 찾아

다니며 조언을 구했다. 생존을 위한 몸부림이었다. 죽음의 갈림길에서 작은 빛을 발견했다. 데일 카네기라는 사람이다. 데일 카네기 12주 교육에 참여하면서 그의 책을 접했다. 책 서문의 한 문장이 지금도 뇌리에 선명하다.

'아침마다 방에 걸려 있는 넥타이를 매려고 손을 뻗으면 바퀴벌레들이 사방으로 흩어졌다.'

매일 밤 그가 맞서 싸워야 했던 불안, 걱정, 분노의 감정은 내가 그 당시 겪었던 감정과 너무나 닮았었다. 삶을 왜 계속 이어 가야 하는지 이해할 수 없는 현실, 그리고 어디로 가야 할지 모르는 절망 속에서 나는 깊은 고독에 빠져 있었다. 만약 그때 과거의 그와 내가 주어진 상황에 체념하고 포기했다면 아마 우리는 지금 이 책 속의 주인공으로 등장하지 못했을 것이다. 절박한 심정으로 무언가를 갈구했기에 그 간절한 갈망이 '자기 변화'라는 기회를 만든 것이 아닐까?

데일 카네기와의 만남을 계기로 나의 관심은 언행과 심리를 다루는 책으로 확장되었다. 삶은 변화하기 시작했다. 몇 권의 책은 내 삶의 철학적 기반이 되었고, 우왕좌왕하며 방황하던 내게 확신을 주었다. 그 확신은 내게 글쓰기라는 새로운 기회를 선물했고, 무심코 지나쳤던 소소한 행복을 조명하기 시작했다. 블로그를 만들어 글 포스팅을 시작한 것이다. 한 달이 지나 한 명, 일 년이 지나 세 명. 그렇게 조금씩 내 글을 읽는 사람들이 늘어났다. 속도는 느리지만 소망의 불씨가 점점 더 커진다.

누군가 소중한 가치를 발견한다면 내 소망은 신념이 된다. 가끔 마주하는 블로그 댓글에서 신념을 재확인한다. '이 글에서도 작가님의 색과 향기가 잘 전달되는 것 같습니다. 그토록 찾았던 쉼표가 소중하고 귀중한 것은 자기 자신이라는 것, 인생은 결국 자기가 누구이고 어떤 사람이라는 것을 자문자답하며 끊임없이 자기 정체성을 찾아 깊게 파고들어 가는 내면의 여행인가 봐요.' 이런 댓글은 내 신념을 더욱 단단하게 만든다.

자기감정을 글로 풀어내고, 그것이 누군가에게 가치가 될 수 있다는 사실에 깊이 감사한다. 비록 내 글이 완벽하지는 않더라도 말이다. 글쓰기라는 삶의 방식 속에서 소중한 사람들과 교감하고, 그 교감 속에서 가치를 찾으려고 노력하는 시간. 이 모든 과정은 우리가 일상에서 현상을 분석하고, 그 이면에 숨겨진 본질을 이해하는 '반복된 여정'이 아닐까 싶다. 『위험한 철학』이라는 책에서 저자 최훈은 철학에서 말하는 현상과 본질에 관해 이렇게 주장했기 때문이다.

'현상은 눈에 보이는 것이고 본질은 그 현상을 만드는 무엇인가에 해당한다. 특히 철학이 다른 학문과 다른 점은 첫 번째 찾은 본질을 다시 현상으로 규정하고 새로운 본질을 찾아가는 학문이다.'

만일 우리의 '일상'을 현상이라고 가정한다면 우리가 일상에서 찾은 '가치'는 본질에 해당할 것이다. 또한 그 가치를 새로운 의미로 확장해 새로운 일상을 더해 가는 과정이야말로 저자가 언급한 철학이 추구하는 방향과 일맥상통하지 않을까?

일상의 가치를 글로 옮기고, 그 글을 통해 책을 출간한 후 작가로 활동하는 일련의 과정은 바로 본질을 찾아 새로운 가치를 더해 가는 철학의 여정과 닮았기 때문이다. 이 '반복된 여정'은 내가 발견한 가치를 더 많은 사람들과 나누는 기회를 제공하고, 나 자신을 지속적으로 성장시킬 수 있는 귀중한 경험이 될 것이다. 결국, 이는 자신을 더 깊이 이해하고 세상을 보다 의미 있는 시각으로 바라보는 삶의 과정이라 믿어 의심치 않는다.

글쓰기는 진짜 나를 만날 수 있는 도구이다

황상열

"진짜, 서류를 이따위로밖에 못 만들어?"

"저희가 며칠 밤새워 연구하고 만든 서류입니다. 물론 처음 하다 보니 실수가 있지만, 팀장님 말씀하신 대로 포맷도 맞추고, 도면도 잘 그려 넣었습니다."

"무슨 소리야? 내가 말한 대로 하나도 되어 있지 않은데. 검토할 필요도 없으니 내일 아침까지 다시 해 와."

"어디를 어떻게 고치라고 말씀을 해 주셔야 다시 수정해서 내일 가져올 것 같은데요. 그냥 두루뭉술하게 다 고치라고 하시면 어떻게 고쳐야 할지 감이 잡히지 않습니다."

"처음부터 끝까지 다시 보고 다 고쳐. 빨리 나가 봐, 바빠 죽겠는데! 진짜!"

2010년, 서울 ○○동 재정비촉진계획 변경(뉴타운) 프로젝트를 진행하던 시절이다. 인허가 도서 작성을 지자체 담당이 서둘러서 접수하라는 연락이 갑자기 왔다. 일주일 동안 나와 부하 직원 1명이

야근과 밤샘 근무를 하면서 겨우 도서를 만들 수 있었다. 총 100페이지가 넘는 서류와 10장이 넘는 도면이 들어간 분량의 도서였다.

내용도 자세하게 써야 했지만, 서류 디자인도 눈에 잘 띌 수 있도록 신경을 많이 썼다. 하지만 접수 전 사전 검토 협의를 위해 만났던 지자체 공무원 팀장에게 온갖 갑질을 당했다. 물론 이 글을 읽는 사람 중 도서를 엉망진창으로 만든 게 아니냐고 반문할 수 있다.

그러나 내가 할 수 있는 최선을 다해서 누가 봐도 충실한 도서를 만들었다고 자신할 수 있다. 조금 수정하고 바로 접수하면 끝이라고 생각했던 내가 바보였다. 구청을 나오면서 쓴웃음이 나왔다. 내 속은 천불이 나는데, 그것을 겉으로 표현할 수 없었다. 철저하게 공무원(갑)이 시키는 대로 해야 하는 을의 입장이라 제약 사항이 많았다. 아마 그때부터 누가 뭐라고 하면 그냥 가만히 참는 게 습관이 되었다. 내 자존심은 이미 무너진 지 오래였다. 한 번쯤 부딪혀서 한마디 해 주고 싶었지만, 그러다간 내 밥그릇을 뺏길 것 같아 두려웠다.

돌아오는 차 안에서 몇 번이나 소리치고 싶었지만, 참았다. 그것밖에 할 수 있는 게 없는데 어떡하랴. 다시 사무실로 돌아와 부하 직원에게 내일 아침까지 다시 수정해야 할 것 같은데, 오늘 야근할 수 있겠냐고 먼저 물어본다. 그의 얼굴이 갑자기 일그러진다.

작업이 다 끝난 줄 알고 여자 친구와 저녁을 먹기로 약속했다고 먼저 이야기한다. 그래도 일이 먼저니 약속을 미루면 좀 안 되겠냐고 조심스럽게 물었더니 1초도 안 돼서 안 된다고 대답한다. 라떼 이야기는 하기 싫지만, 나 같았으면 약속을 미루고 일 처리부터 하는 것이 맞다고 판단했다.

1시간만 하고 가겠다는 부하 직원에게 오히려 감사해야 했다. 공무원에게 치이고, 부하 직원을 달래지도 못하는 내 신세가 처량했다. 스트레스가 극에 달했다. 그 감정을 고스란히 타인에게 보여 줄 수 없었다. 진짜 나를 만나는 순간은 그 시절 술을 마시면서 감정이 풀릴 때였다. 취할 때까지 술잔을 주거니 받거니 하면서 마셨다. 눈떠 보면 집인데, 지난밤에 일어났던 사건이나 사람들 간의 대화는 반 이상은 날아갔다. 내가 거의 기억하지 못하는 이유도 크다.
그 후로도 계속 술로 내 진짜 모습을 찾았다. 당연히 그런 모습을 좋아해 주는 사람보다 그 반대 성향의 사람도 더 많다는 것을 이제 알았다. 그런 생각을 가지고 나서 한동안 술을 멀리했다가 지금 다니는 회사로 이직하면서 예전보다 마시는 횟수가 늘었다. 술로 내 진짜 가면이 벗겨지더라도 그 모습조차 감당해야 하는 시대가 왔다. 그러다가 위와 같은 일상이 계속 반복되다 보니 답답했다.

그러다가 글쓰기를 만났다. 글을 쓰면서 내가 생각한 의견을 그대로 썼다. 일상에서 일어났던 일을 바탕으로 거기서 느낀 감정도 솔직하게 기록했다. 지금까지 계속 글을 쓸 수 있었던 이유는 노트북 자판을 두드리는 순간, 가면을 벗고 솔직한 나 자신과 만날 수 있기 때문이다.

또 술집에 갔다가 많이 취했다. 글을 제법 많이 쓴 것 같은데, 여전히 진짜 나를 만나는 횟수는 많지 않았다. 나에게는 성찰과 수양의 도구이기도 한 글쓰기로 하루에 한 번 정도 진짜 내가 누구인지 다시 한번 살펴봐야겠다. 이 글을 읽는 당신도 진짜 나를 마주하고 싶다면 지금 당장 글쓰기를 시작하자. 누구도 의식하지 않고 오롯이 나를 만날 수 있는 도구가 바로 글쓰기다.

3장

지금의 나를 만들어 준 습관

매사에 감사하기

김지윤

눈부신 햇살이 오늘도 나를 감싸면 살아 있음을 그대에게
난 감사해요.
부족한 내 마음이 누구에게 힘이 될 줄은 그것만으로 그대
에게 난 감사해요.

- 김동률, 〈감사〉 중

첫아이를 낳고 남편을 따라 낯선 대전에 살던 때, 아기 돌보기를 도와주시던 시터 이모님이 계셨다. 세 딸을 혼자 양육하여 경제적으로 넉넉하지 않았지만, 그 누구보다 신앙심이 깊던 이모님은 어느 날 육아로 잔뜩 지쳐 있는 내게 이런 말을 해 주셨다.

"애기 엄마, 많이 힘들지? 나도 커 가는 아이들 혼자 뒷바라지하기가 너무 힘드네. 그래도 아침에 일어나면 일하러 갈 집에 갈 수 있는 버스 차비만 있어도 감사의 기도가 나오더라구요. 차비조차 없는 날이면 걸어갈 수 있는 두 다리에 또 감사하고… 그런 마음으

로 하루하루를 버티고 사는 것 같아요."

당시 나는 적지 않은 충격을 받았다. 힘든 상황에도 일하러 갈 수 있는 차비만 있으면 감사하다는 이모님 말씀은 그 이후에도 두고두고 생각이 났다. 남편과 떨어져 혼자 수원으로 돌아와 4살 아이를 양육하며 복직하던 해, 아이를 맡길 안정적인 환경의 유치원이 있고, 다행히 잘릴 걱정 없이 다닐 수 있는 직장이 있어서 감사하다고 매일 되뇌며 출근했다.

카드가 결제되면 카드가 무사히 잘 긁혀 감사하다고 소리 내어 중얼거렸고, 아이가 아파 병원에 가야 하는 상황이면 집 앞에 병원이 있어 다행이라고 감사하다고 되새겼다. 매일 아침 아이를 데려다주고, 출근하고, 못 다 한 일을 싸서 들고 황급히 아이를 데리러 퇴근해야 하는 일상이 마치 내게는 전쟁통같이 느껴졌기에 매일매일 내 자신을 세뇌하듯 감사하다고 스스로 위로해 주었던 것이다.

모든 것이 은혜였다는 어느 찬송가의 가사처럼, 지금 이 순간 책상 앞에 앉아 글을 쓰는 순간까지도 지금 들이마시는 공기마저도 모두 감사할 대상이라는 것을 온전히 마음속으로 받아들이기까지는 더 오랜 시간과 속앓이가 필요했다.

젊은 날, 모든 불행이 나에게만 쏟아진다고 생각한 적이 있었다. 왜 사람들은 나에게 상처를 주려고 덤비냐고, 나를 제발 내버려둬 달라고, 위로 따윈 바라지도 않는다고 원망한 적이 있었다. 내게 1

의 강도로 상처를 주면 나는 곱절로 갚아 주겠다며 이를 간 적도 있었다.

그러나, 복수마저 귀찮아지는 반백 년 넘은 나이가 되어서야 비로소 매사에 감사하는 습관에 자연스럽게 스며들 수 있었다. 예술가적 성향으로 자유로운 영혼인 큰아들은 내게 끈기와 겸손을 가르쳐 주었고, 똑 부러지는 성격의 늦둥이 둘째 딸은 나에게 둘도 없는 친구가 되어 주었다. 내가 30년 넘게 좋아하는 가수는 60이 되어서도 계속 공연하셔서 내가 전국을 함께 유랑하게 해 주신다. 정말 하기 싫은 일을 해야 할 때, 힘들어서 나만의 동굴에 파고 들어가고 싶을 때 그의 음악이 항상 함께해 주었다.

내가 좋아하는 공지영 작가는 그녀의 책에서 불행이 비처럼 쏟아진다고 느끼는 순간, 오로지 효과 있는 방법은 감사하기였다고 말했다. 매일 억지로라도 감사할 것을 찾다 보니 어느 날 아침, 밤새 아무 일 없이 지켜 주셔서 감사하다는 기도가 떠오르는 순간 전율했다고 고백했다.

나에게 감사하는 습관을 가진다는 것은, 감사 모드로 내 마음의 단추를 돌린다는 것은, 나를 사랑하고 아끼겠다는 자기돌봄의 약속과도 같다. 나를 낳아 주신 부모님, 함께한 형제들, 나와 웃고 울었던 친구들, 동료들, 인생의 길에서 만난 모든 사람들과의 인연을 소중히 하겠다는 다짐과도 같다. 상투적인 말이지만 그럼에도 불구하고 한 발짝, 한 발짝 내딛게 하는 것은 감사하는 습관 덕분인 것이다.

 지금 이 글을 쓰면서 학원에 다녀와 늦은 저녁을 허겁지겁 먹는 둘째 아이에게 어떤 점에 대해 감사한지 물어보았다. 아이는 엄마가 다른 엄마들처럼 입시와 성적에 매달려 공부 스트레스를 주시지 않고, 현재의 행복을 중요시하여 주어 고맙다고 한다.

 나라고 네 공부가 신경이 안 쓰이겠냐. 오빠를 키우며 엄마의 간섭이 다 부질없음을 깨달은 탓이지. 오빠에게 감사하자….

흔들림 없는 나를 위한 선택

최홍미

우리는 살아가면서 크고 작은 선택의 순간을 끊임없이 마주한다. 때로는 사소한 선택조차 어렵게 느껴질 때가 있다. 예를 들어, 중식당에 갔을 때 짜장면과 짬뽕 중 무엇을 먹을지 고민했던 적이 있다. 나는 짬뽕을 좋아하기에 고민 없이 선택했지만, 가끔 짜장면을 먹어 보지 못한 것이 아쉬울 때도 있었다.

이처럼 단순한 선택도 때로는 고민을 하게 만드는데, 인생의 중요한 선택에서는 얼마나 더 많은 갈등과 고민이 필요할까? 결혼 후, 나는 두 아이를 키우며 전업주부로 살기로 선택했다. 맞벌이를 하지 않기로 결정하면서 경제적으로 여유롭지 않았지만, 아이들과 함께 보내는 시간을 더 중요하게 여겼다.

아이들은 점차 성장했고, 나 또한 내 삶의 방향에 대해 고민하기 시작했다. 워킹맘 친구들을 보며 그들의 성취를 부러워했지만, 내가 선택한 길 또한 소중하다고 느꼈다. 아이들이 자라 독립적인 존재로 변해 가면서, 나 자신을 위해 무엇을 할 수 있을지 고민하게 되었다.

특히 사춘기에 접어든 아이들을 보며 나는 인내와 균형을 배웠다. 육체적인 어려움은 줄어들었지만, 정서적으로는 더 많은 에너지가 필요했다. 그러나 이 시간은 영원하지 않다는 것을 알기에 덤덤하게 받아들이기로 했다. 그 과정에서 나는 나만의 성장과 변화를 이루고자 했다.

새로운 목표를 세우기 위해 나는 스스로에게 질문을 던졌다. '내가 잘할 수 있는 일은 무엇일까? 나를 행복하게 만드는 일은 무엇일까?' 긴 고민 끝에 나는 글쓰기로 답을 찾았다. 글쓰기는 내가 원하는 삶을 이룰 수 있는 가장 적합한 도구라고 느껴졌다.

현재 나는 책을 읽고 글을 쓰며 나만의 이야기를 만들어 가고 있다. 작가로서 첫 책을 내는 것이 목표다. 글을 쓰는 과정은 쉽지 않다. 단어가 떠오르지 않을 때 좌절감도 느끼지만, 그럼에도 포기하지 않는다. 글쓰기 과정을 통해 나는 나의 정체성을 다시금 확인하며, 흔들리지 않는 삶을 만들어 가고 있다.

작가의 길을 걷는다는 것은 단순히 글을 쓰는 것이 아니다. 글쓰기는 나의 생각을 정리하고, 내면의 깊이를 더하며, 나를 성장시키는 과정이다. 아이들을 응원하며 그들의 성장을 돕는 동시에 나 자신도 응원하며 앞으로 나아가고 있다.

나는 첫 책을 내는 것을 목표로 삼았다. 아이들이 고등학교를 졸업할 무렵, 나도 작가로서 한 걸음을 내딛고 싶다. 이를 위해 글쓰기의 기본부터 배우고, 필사를 통해 작가들의 방법을 익히고 있다. 하루하루 꾸준히 실천하며 나의 꿈을 향해 달려가고 있다.

나의 목표는 단순히 책을 출간하는 것이 아니다. 나는 글을 통해 사람들에게 위로와 영감을 주고 싶다. 내 삶의 이야기가 누군가에게 용기와 힘이 되길 바란다. 흔들리지 않는 삶의 중심을 잡고, 나아가는 지금이 나에게 가장 소중한 시간이다.

일찍 시작하면 달라지는 것들

김정훈

몇 년 전, '미라클 모닝'이라는 키워드가 전국을 강타했다. 서점가에서도 예외는 아니었다. 얼마나 대단했으면 책을 써 본 적 없던 내가 이와 관련된 책을 썼겠는가. 자기 계발을 꿈꾸는 사람들에게는 아침 일찍 일어나는 행동이 하나의 불문율처럼 되었다.

나는 새벽에 일어나려고 무던히 애쓰던 사람 중 하나다. 내가 성장하는 데 효과적인 방법이 새벽에 무언가를 하는 것이었다. 새벽 기상은 '자유의지'가 동반되어야 하는 어려운 선택이다. 나는 회사에서 잘리지 않고 평범한 삶을 살기 위해 새벽 기상을 선택해야 했다. 자의 반, 타의 반으로 새벽에 일어나 무언가를 해야만 했다.

나는 운이 좋아 외국계 기업에서 근무하고 있었지만, 형편없는 영어 실력 때문에 회사에서 일하는 게 수월하지 않았다. 직급이 올라갈수록 영어를 더 잘 써야 하는 상황을 해결하지 못하면, 자칫 잘못하다가 정리 대상 1호가 될 것 같았다. 나는 영어 실력을 올려야만 했다. 육아를 하면서 저녁에 나의 시간을 보낸다는 것은 불가능했고, 설상가상으로 아내의 건강이 좋지 않아 저녁 시간에는 아내의 역할을 대신해야만 했다. 결국, 새벽에 일어나야 했다. 나에게는 선택 사항이 없었다. 덕분에 10개월 동안 새벽 기상의 루틴으로 영어에 대한 두려움을 해결할 수 있었다.

새벽 기상을 통해 성공적으로 영어 실력을 키웠기 때문에 '미라클 모닝'의 신봉자가 되었다. 이제는 영어 이외에 다양한 활동을 새벽 5시에 시작하고 있다. 김승호의 책 『생각의 비밀』에서 언급한 '하루에 6시를 두 번 만나는 사람'이 되려고 부단히 노력했다. 내가 어떻게 새벽 시간을 활용하는지 얘기해 보고자 한다. 새벽 기상의 즐거움을 공유해 본다.

1) 새벽 운동으로 하루를 활기차게 시작한다

새벽 활동이 하루의 기분을 결정한다. 나는 7년째 새벽에 테니스를 치고 있다. 새벽부터 테니스를 친다고 의아하게 여기겠지만, 정말 많은 사람을 테니스장에서 만난다. 추운 영하의 날씨에도 변함이 없다. 혹시라도 테니스를 칠 상황이 되지 않으면, 집주변을 40분가량 달린다. 이렇게 출근하면 하루가 상쾌하다. 일의 능률도 더 오르는 것 같다. 이 상쾌함 때문에 새벽 운동을 거를 수 없다. 새벽 운동 덕분에 체중 감량도 가능했고, 더 건강한 삶을 살고 있다.

2) 정신 활동을 위해 책을 읽는다

일찍부터 운동하는 시간이 많아서 책을 읽는 시간은 상대적으로 짧다. 새벽에 평균적으로 30분 정도를 책 읽는 시간에 할애하는 편이다. 의도적으로 책 읽는 시간을 많이 가지기가 곤란하다면 새벽 또는 이른 아침 시간을 이용하라고 권한다.

나는 이른 시간에 누군가에게 방해받지 않고 오롯이 책을 읽는 신선함에 행복감을 느낀다. 홀로 커피를 마시며 책장을 넘길 때 몰입감이 최고에 달한다. 책에 나오는 특정 문구가 머릿속을 맴돌면 먼 산을 바라보면서 이런저런 생각을 하며 '사유의 시간'을 가지기도 한다. 나의 시간 중에 여유를 부릴 수 있는 때는 새벽 시간이 유일하다. 나에게 주어진 자유 시간인 셈이다. 진정한 사유는 새벽에 하는 독서에서 시작된다.

3) 미래를 설계한다

새벽 시간에 플래너를 쓰는 것을 즐긴다. 몇 년 전에 썼던 버킷리스트를 무심히 들여다보기도 하고, 제일 앞 장에 쓰여 있는 내 인생의 목표를 훑어 내려가기도 한다. 플래너를 앞뒤로 넘기다 보면, 허전함이 느껴지기도 하고 빠진 내용을 발견한다. 당장 가까운 시일 내에 해야 하는 일들을 떠올리거나 가족과 해외여행을 오랫동안 못 갔다는 사실을 알게 되면, 바로 구체적인 계획에 추가하기도 한다.

조용한 새벽에 미래의 청사진을 그려 보는 시간을 많이 가진다.

활기차게 새벽부터 활동을 시작하지만 사람들은 의문을 품는다. "일찍 일어나면 잠이 부족하지 않나요? 하루가 힘들 것 같은데?"라는 질문을 심심찮게 한다. 결론부터 얘기하자면, 나는 충분히 잠을 자고 있다. 처음 새벽 기상을 시작할 때, 무조건 잠자는 시간을 줄이려고만 했다. 이런 이유로 꾸준히 새벽 기상을 이어 나가지 못했다.

이를 극복하려면 늦게 자고 일찍 일어나는 것을 고집하지 말아야 한다. 일찍 자고 일찍 일어나면 수면 부족 없이 새벽에 일어날 수도 있다. 생각을 조금만 바꾸면 새벽 기상이 어렵지 않다.

'목표를 달성하기 위해서는 꼭 필요한 '단 하나'가 무엇인지를 찾아야 한다'고 게리 켈러의 책 『원씽』에서 얘기한다. 새벽에 일어나기 위한 '단 하나'는 바로 '지나친 욕심을 버리는 것'이다. 욕심이 앞서 잠을 줄이는 것이 아니다. 불필요한 것을 멀리하고 생활이 단순해야만 일찍 일어날 수 있다. 결국, 중요한 것에만 집중할 수 있는 습관이 생긴다.

새벽 기상 덕분에 나의 저녁 시간은 단순하면서도 건전하게 변했다. 일찍 퇴근해서 가족과 함께하는 시간이 많아졌다. 아침 일찍 일어나야 한다는 적당한 부담감 덕분에 중요하지 않은 약속은 멀리한다. 가정적인 남편, 대화가 잘되는 아버지로 변한 게 새벽 기상의 루틴이 준 가장 큰 소득이다. 새벽 기상이 행복의 시작을 알렸다고 해도 과언이 아니다.

새벽 기상은 물리적으로 일찍 일어나는 것이라고 하지 않는다. 그 이상의 의미가 있다. 시간 관리를 잘하고 좋은 습관을 많이 가진 사람들이 가질 수 있는 특혜가 바로 새벽 기상이다. 이런 이유로 남들보다 하루를 일찍 시작하기를 권한다. 새벽 기상을 통해서.

좋은 습관이 내가 된다

연미영

생각이 바뀌면 행동이 바뀌고 행동이 바뀌면 습관이 바뀌고 습관이 바뀌면 인격이 바뀌고 인격이 바뀌면 운명까지도 바뀐다.

- 윌리엄 제임스

우리가 보통 하나의 습관을 내 것으로 만들기 위해서는 대략 100일 정도의 시간이 걸린다고 한다. 평균적 수치이며, 한 가지 습관을 꾸준히 지속하면 그다음부터는 큰 어려움 없이 지속할 수 있다고 한다.

1) 새벽 기상

나는 원래부터 밤잠이 더 많다. 10대 때부터 초저녁만 돼도 잠이 쏟아졌고, 아침에는 비교적 잘 일어났다. 잠만 덜 잤어도 대학이 달라지고, 인생도 바뀌었을 텐데…. 아무튼, 코로나19가 한창이었을 때 새벽 기상이 유행했다. 그리고 나는 유행에 맞춰 새벽 기상을 시도해 보게 되었다. 나의 루틴을 조금 소개해 보자면 다음과 같다.

먼저, 아침에 일어나면 먼저 미온수를 한 잔 마시고 가볍게 스트레칭을 했다. 유튜브에 나오는 10분 안팎의 간단한 스트레칭 영상들을 보며 따라 하니, 나중에는 보지 않고도 저절로 할 수 있게 되었다. 그리고 명상을 하였다. 처음에는 직장에서 생긴 스트레스로 인한 화를 가라앉히기 위함이었다. 단 몇 분이라도 눈을 감고 정신을 집중하는 것만으로도 화나는 감정을 가라앉힐 수 있는 좋은 방법이라는 것을 깨닫게 되었다. 정신없이 바쁜 하루를 사는 중에 뇌에 쉼을 주는 명상이 꼭 필요하다고 생각하게 되었다. 그리고 나서 책상에 앉아 가계부를 적기도 하고, 독서를 하기도 하고, 긍정 확언, 오늘의 할 일 적기 등을 하며 새벽 시간을 보내고, 7시쯤부터는 아침을 준비하였다.

새벽 기상을 하기 전의 나는 그저 하루를 살아지는 대로 연명하듯이 살아갔었다면, 새벽 기상을 시작한 후 나는 내 삶의 주체가 되어 주도적으로 내 삶을 이끌어 나가기 시작하였다.

그리고 매일 아침, 오늘 꼭 해야 할 일을 적으면서 무슨 일을 해야 하는지 생각해 보고, 일과 중에도 할 일들을 되새겨 보게 되었다. 이러한 습관으로 나는 하루하루가 완전히 달라지는 경험을 하였다. 또한 매일 중요도에 따라서 할 일을 적어 보고, 그 일대로 일 처리를 해 나가니 훨씬 효율적으로 시간을 보낼 수 있었다. 그리고 각종 긍정 확언을 읽고 생각하는 것만으로도 더욱 의욕적인 하루를 보낼 수 있었다.

시간의 종류에는 두 가지가 있다고 한다. 자연적으로 흘러가는 물리적 시간인 '크로노스의 시간'과 특별한 의미가 부여된 '카이로스의 시간'이다.

나에게 카이로스의 시간은 새벽 기상으로 주어진 시간이었다. 아침에 일어나 나는 오롯이 '나'만을 위한 시간을 가지면서 성장해 나갔다. 하루의 단 5분이라도 시간을 내서 나만의 시간을 갖자.

2) 감사 일기 쓰기

내가 하는 모닝 루틴 중 가장 추천하고 싶은 것은 바로 감사 일기다. 나는 원래 불평만 하고 감사할 줄 모르는 사람이었다. 이건 이래서 불만, 저건 저래서 불만이었다.

그런 내가 모닝 루틴을 시작하면서 감사 일기를 적고 달라지기 시작했다.

그전에는 일기장에 주로 험담이나 신세 한탄을 주로 썼다면, 감사 일기를 적으면서 나는 내 삶의 긍정적인 부분에 초점을 맞추었다.

비록 부족한 부분도 많지만, 예전보다는 좀 더 밝아지고 긍정적으로 변화한 나 자신을 발견한다.

감사 일기를 처음으로 쓰기 시작할 때에는 한 줄도 겨우 썼다. 생각이 안 나서 다른 사람의 일기를 보기도 하였다. 하지만, 시간이 지나면서 감사할 거리들이 생겨났다. 정말 사소한 거였다.

"가족들과 함께 식사할 수 있어서 감사합니다."
"맑고 화창한 날씨에 감사합니다."

"아이들이 아프지 않고 건강해서 감사합니다."

'행복한 가정은 모두 비슷한 이유로 행복하지만, 불행한 가정은 저마다의 이유로 불행하다'는 톨스토이의 말처럼, 우리는 크든 작든 우리에게 주어진 것들에 감사해야 하는 것이 아닌가 싶다. 나처럼 감사할 거리를 억지로라도 찾다 보면 언젠가는 작은 일에도 자동으로 감사하는 변화된 나 자신을 발견할 수 있을 것이다.

부정성 편향은 인간의 뇌가 긍정적인 정보보다 부정적인 정보에 더 비중을 두는 현상을 나타내는 심리학 용어이다. 부정적인 사건이나 사고가 긍정적인 사건보다 더 크게 우리의 뇌에 영향을 미친다는 것이다.

우리는 어쩔 수 없이 수많은 사건 사고를 접하게 된다. 그런 소식을 들을 때마다 나도 모르게 부정적인 생각을 하게 되거나 우울해지는 때가 많다. 이럴 때일수록 감사 일기를 적으면, 쉽게 부정적인 생각을 하는 나 자신의 회복탄력성을 강화해 주는 것과 같다. 나 역시 한동안 감사 일기를 적지 않으면 쉽게 짜증을 내는 나 자신을 발견할 수 있었다.

감사 일기로 오늘 하루를 마무리하며, 부정적인 에너지보다 긍정적인 에너지로 나를 무장시켜 보자.

우선순위 실행하기

강성희

한 번쯤은 시기를 놓치는 경험을 해 본다. 누군가는 아쉬울 것이고, 누군가는 피눈물을 흘릴 것이다. 또 누군가는 화를 주체하지 못할지도 모른다. 나 또한 시기를 놓치는 경험을 해 본 적이 있다. 그 경험은 인생에 영향을 끼칠 만큼 평생의 새로운 습관을 만들었다.

순간순간 인생에 찾아오는 많은 선택을 할 때면 귀찮음에 넘겨버릴 때도 많았다. '괜찮겠지', '별거 없겠지', '설마…' 하는 회피하는 마음으로 마주하는 경향이 없지 않아 있었다.

마포역으로 매장을 이전할 때 있었던 일이다.
새로운 상호명과 함께 오픈하며 기대에 찬 마음으로 활기차게 준비하고 있었다. 간판도 올라갔고, 영업 준비에 한창이었다. 그때, 같은 상호명으로 매장을 준비하는 것 같은 SNS를 발견했다. 앞으로의 불상사를 막기 위해 메시지를 보냈고, 영업 중임을 알렸다. 그런데 돌아온 답변에서는 자신들의 입장만을 말하고, 일방적이었다. 느낌이 좋지 않음을 감지했다. 이를 대비해야겠단 생각을 하고, 바쁜 매장 스케줄로 하루하루 보냈다.

그때 단 하루라도 상표권 등록을 빠르게 움직였어야 했다.
정말 화장실 갈 틈 없이 바빴지만, 그래도 빨간불이 들어온 그 순간을 먼저 해결했어야 했다.

매일 상표권 등록을 해야 한다는 생각이 아침마다 우선순위로 떠올랐지만, 그 생각을 무시하고 코앞의 일만을 해결했다.
그러던 어느 날, 상호명이 같은 그 매장이 오픈했다. 분명 매장을 운영 중이라 언질을 주었지만 결국 무시했던 것이다.

부랴부랴 상표권 등록을 마치고 등록 날짜를 확인하니, 이게 무슨 장난스러운 일인가. 같은 상호로 매장을 하는 그 업체와 상표권 신청 날짜가 같은 게 아닌가. 순간 하루라도 빠르게 진행했다면 이런 일이 없었을 것이라 생각했다. 나 스스로에게 너무 화가 났다. 화를 억누르기엔 누군가를 탓하고 싶었다.
정신을 조금 가다듬고 혹여나 있을 상표권 분쟁을 예방하기 위해 인터넷 상표권을 따로 진행했다.

1년 후, 나의 상표권은 결국 인정되지 않았다. 이유도 없다. 이 무슨 제비뽑기 같은 방식인가. 다행이라 생각한 것은 차선으로 선택한 인터넷 상표권은 인정받을 수 있었다. 정말 다행이었다. 원치 않게 반반씩 나눠 가진 상호로 8년간 매장을 운영했다. 지금은 새로이 확장 이전을 하며 새롭게 상호를 변경했다.

상표건 사건 이후 나에게 생긴 변화가 있다. 머릿속에 떠오르는 생각이 마음에 거슬린다면 꼭 체크하고 넘어가는 습관이 생겼다. 혹여나 있을 일들을 막기 위해 본능적으로 몸에서 보내는 신호 같다. 동물적 본능을 따르다 보니 뜻하지 않은 기회들을 놓치지 않고 잡을 때가 많아졌다. 생각지 않은 기회가 늘어났다.
기회는 잡아야 기회라는 말을 나는 늘 한다.
아무리 기회를 주어도 순간 잡지 않는다면 그것은 그냥 아무것도 아니다. 아무 일도 일어나지 않는다.

기회가 없다고 투덜대는 사람들이 생각보다 많다. 일의 우선순위를 놓치고 손해를 보고 나니, '과연 투덜대는 사람들이 정말 기회가 없었을까?'라는 생각을 해 본다. 분명 기회는 생각보다 가까이 있었을 것이다.

가만히 머릿속을 들여다보자. 떠오르는 생각이 있을 것이다. 혹시나 그 생각은 한두 번 떠오른 생각이 아닐 수 있다. 나의 게으름 때문에 뒷전으로 밀린 중대한 일일지 모른다. 그 생각을 우선순위에 두고 실행해 보자.

어찌 되었든 상표권 사건 이후 머릿속에 떠오르는 생각을 돌다리 두들기듯 체크하는 습관은 예쁜 할머니가 되는 지름길이 되었다.

'작은 정성'으로 그린 인문학

홍성화

2014년, 뱃속에 둘째를 품고 있을 때, 영화 <역린>을 봤다. 마지막 장면에 『중용』 23장이 나온다. 평소 인문고전독서를 갈구하지만, 막상 책을 펼치면 너무 어려워 덮어 버리기 일쑤였다. 제대로 시작도 못 했는데 <역린>에 나온 『중용』 23장을 보고는 오묘한 느낌이 들었다.

"작은 일도 무시하지 않고 최선을 다해야 한다. 작은 일에도 최선을 다하면 정성스럽게 된다. 정성스럽게 되면 겉에 배어 나오고, 겉으로 드러나면 이내 밝아지고, 밝아지면 남을 감동시키고, 남을 감동시키면 이내 변하게 되고, 변하면 생육된다. 그러니 오직 세상에서 지극히 정성을 다하는 사람만이 나와 세상을 변하게 할 수 있는 것이다."

듣자마자 뜨겁게 와닿았다. 영화가 끝나고 나서 『중용』을 꺼내 23장을 다시 보았다. 책장에 꽂혀만 있던 책을 <역린>이 다시 펼치게 해 주었다. 그리고 초등학교 때 과학 시간도 생각났다. 돋보기로 햇빛을 모아 색종이를 태워 본 경험 말이다. 빛의 초점을 한곳으로 모으고 가만히 있었더니 금방 연기가 나면서 불꽃이 생겼다. 그러면서 색종이가 타들어 갔다. 몰입하여 정성을 쏟았더니 된 것이다.

초등학교 입학하기 전에 매일 글씨를 쓰며 놀았다. 두 살 터울인 언니가 학교에 가는 게 무척 부러웠다. 언니가 집에 오면 가방에서 국어책을 꺼내 무작정 글씨를 따라 썼다. 썼다기보다 글씨를 똑같이 따라 그렸다는 말이 맞을 거다. 자음과 모음이 합쳐져 글자가 만들어지고, 글자가 모여 낱말이 되는 게 정말 신기하고 재밌었다. 글자를 자유롭게 따라 쓰고, 한 글자, 한 글자를 또박또박 소리 내어 발음하는 게 놀라웠다. 부모님은 농사일로 바쁘셨고, 오빠와 언니가 학교에 가면 나와 남동생만 남았다. 언니가 집에 와야 연필을 만져 볼 수 있었다. 마당에 나무막대기로 글씨를 쓰고 낙서를 하며 놀았다. 다 놀고 나면 동생과 앞마당을 빗자루로 쓸어 깨끗하게 해 놓았다. 점심때가 되어 집에 들어오신 엄마가 감탄을 하셨다. 칭찬 받으려고 한 게 아니었다. 지우개로 지우듯 우리가 낙서했던 것을 쓱싹쓱싹 지워 놓은 것뿐이었다. 활짝 웃으시는 엄마가 좋아서 매일매일 앞마당을 쓸었다. 그렇게 쓰고 지우는 놀이는 나를 발전시켰다.

초등학교 4학년 때 담임 선생님이신 조건영 선생님이 그립다. 새로 발령을 받고 온 총각 선생님이었는데, 내 글씨를 알아봐 주신 첫 번째 은사님이시다. 한 학년에 두 반이 전부였던 작은 시골 학교에서 선생님의 가르침은 그야말로 영향이 컸다. 글씨를 잘 쓴다고 내게 맡겨 주신 일이 있었다. 그것은 수업이 끝나고 칠판에 아침 자습을 할 수 있게 쓰는 일이다. 다음 날 아침, 친구들이 등교해 문제를 풀고 나가 놀 수 있도록 날마다 칠판에 문제를 쓰고 집에 갔다. 공책 대신 칠판에, 연필 대신 분필로 글씨를 쓰는 맛은 또 다른 재미였다. 쓰는 건 다 좋았다. 좋아서 했는데 경필(勁筆)상도 받았다. 경필은 힘찬 필력(筆力)을 뜻하며, 또박또박 힘을 주어 크게 쓰는 내 글씨가 당차 보이고 자신감이 넘쳐 보인다는 말을 자주 들었다.

중학교에 입학해서는 학급일지를 맡아서 썼다. 담임 선생님께서 첫 수업 시간에 내 글씨를 보시자마자 학급일지를 건네주셨다. 1학년 겨울 방학 전에 교내 노트 전시회가 열렸다. 교장 선생님께서 직접 기획하신, 우리 학교에만 있었던 전시회였다. 1년 동안 수업 시간에 필기했던 노트를 전 학년이 복도에 전시를 했는데, 1학년이었던 내가 전 과목에서 최우수상을 받았다. 공부로 전교 1등을 한 것도 아닌데 친구들이 많이 부러워했다. 전교 1, 2등을 다투었던 친구도 내 글씨가 부러웠는지 부지런히 연습하는 것을 보면서 나도 누군가의 부러움을 사는 존재라는 것을 그때 깨달았다. 마음이 부풀어 올랐다. 뭘 해도 기분이 좋았다.

고등학교에 들어가서는 1년 내내 한문 판서를 했다. 한문 첫 시간에 내 글씨를 보신 선생님께서 "바로 너다."라고 하셨다. 한글이 아닌 한자를 쓰는 것도 즐거웠다. 덕분에 다른 친구들보다 한자도 많이 알았다. 시험 때마다 인간 옥편이 되어 주었다.

초·중·고등학교를 다니는 동안 글씨 쓰기로 비롯된 이런 추억들이 일상에서도 내 삶을 여전히 탄탄하게 받쳐 주고 있음을 종종 느낀다. 감사하지 않을 수 없다.

사무실에서 전화를 당겨 받고 메모를 건네주었는데, 어쩜 글씨가 이렇게 멋지냐는 말을 들었을 때, 경조사 봉투에 글씨를 써 달라고 부탁받았을 때, 블로그에 올린 손 글씨로 칭찬 댓글이 달렸을 때, 글씨를 써서 선물했을 때 등등 나는 이럴 때 정말 기분이 좋다.

2022년 12월에는 뜻밖의 행운도 찾아왔다. <낭독이 있는 캘리그라피 전시회>에 여러 작가님들과 함께하는 영광을 누렸다. 내 인생 첫 책을 위해 캘리그라피를 배운 건데, 생각지도 못한 전시회를 열었다. 이루 말할 수 없이 짜릿했다. 언젠가 세상에 나올 내 책의 제목은 꼭 캘리그라피로 쓰고야 말겠다. 작년인 2023년 10월엔 '제1회 홍성 사투리 캘리그라피 공모전'에서 장려상도 받았다. 글씨로 받은 상이라 더욱 값지고 행복했다.

40년 넘게 살아오면서 꾸준히 좋은 평을 받고 있는 것이 바로 글씨다. 그럼에도, 글씨를 잘 쓴다고 생각해 본 적은 없다. 다른 사람들도 다 나처럼 쓰는 줄 알았다. 학교 다니는 언니가 부러워 그저 글씨 연습을 했을 뿐인데, 보는 사람들마다 그냥 지나치는 법이 없었다. 꼭 한마디씩 칭찬을 했다.

조선 후기의 실학자이면서 바로 옆 동네 충남 예산의 인물이기도 한 김정희는 '추사체'로 유명한 역사 인물이다. 내 글씨는 김정희처럼 한 시대, 한 나라를 대표할 만큼 뛰어나지는 않다. 아는 사람도 없다. 그렇지만 글씨를 처음 썼을 때 즐겁고 행복했던 그 마음으로 앞으로도 난 계속해서 쓸 것이다. 내 정신을 녹여 글씨를 쓰겠다. 글씨와 글에 인생을 담는 게 삶의 목적이 되도록.

'작은 일도 하찮게 여기지 않고 계속하면 그 정성이 빛을 보게 해 준다'는 이 말이 계속해서 글씨 쓰는 삶을 만들어 주었고, 앞으로도 그럴 거다. 지금의 나를 만들어 준 습관은 이렇듯 '작은 정성'이었다. 누가 시키지도 않았는데 고사리 같은 손으로 연필을 꼭 쥐고 힘 있게 꾹꾹 눌러쓰는 그 연습을 수없이 반복했다. 그랬더니 그 정성을 알아보았다. 초등학교, 중학교, 고등학교에서 그리고 사회에서도. 중용 23장처럼 작은 일도 무시하지 않고 최선을 다하며 살 것이다. 작은 일에도 최선을 다하면 정성스럽게 된다고 했다. 보통 지나치기 쉬운 작은 것들은 묻히기 마련인데, 반복하고 꾸준히 하면 판이 달라진다. 현재진행형인 나만의 꽃 중년 버킷리스트에 글씨도 넣어 보련다. '작은 정성'의 아이콘 홍성화! 나는 오늘도 나를 응원한다.

새벽 4시의 힘

양지욱

눈을 뜬다. 새벽 4시다. 바로 자리에서 일어난다. 주방으로 갔다. 2001년부터 먹기 시작한 NRG 티와 허브차를 미지근한 물 500mL에 섞어서 타고, 6시가 될 때까지 마신다. 정신이 맑아진다. 에너지를 얻는다.

손바닥 크기의 365개의 질문 & 5년 & 1,825개의 답을 쓸 수 있는, Q&A 다이어리에 가장 먼저 손이 간다. 잠깐 뒤적여 본다. 2022년 7월 29일에 처음 쓰기 시작했다. 1월 25일 물음은 '무엇이 나를 나답게 만드는가?'이다. 재작년에는 '음악, 여행, 글쓰기'라고 쓰여 있다. 작년 답에는 '음악, 여행, 글쓰기, 사색하기, 가사 쓰기, 사람과 자연 관찰하기, 마케팅과 동영상 제작 공부하기' 등 새로운 여정이 추가되었다. '천천히 가 보자.'라고 적혀 있다. 글을 쓰다 보니 그것과 관련된 일이 하나둘 더 생기고 있다. 더구나 새롭게 추가된 일마다 재미가 있다. 기록이 시작이었다. 기록하지 않았더라면 과연 이렇게 변화된 나를 만날 수 있었을까. 이 글을 쓰고 있는 1월 4일 질문은 '내 삶에서 가장 결별하고 싶은 것은?'이다. 나는 옷을 사거나 음식이 눈앞에 펼쳐져 있을 때 절제하지 못하는 습관과 완전히 이별하고 싶다. 그대들의 답이 궁금하다.

다음에는 전날 일기를 쓴다. 하루를 되돌아보며 주로 반성한다. 만난 사람이 등장한다. 그 사람과의 갈등이나 좋았던 일을 떠올린다. 누구를 만났느냐에 따라 얼굴이 일그러지거나 미소가 떠오른다. 해결해야 할 일이 생기면 방법을 생각한다. 못 찾으면 책을 찾아 읽거나 여러 포털 사이트를 검색한다. 유튜브에서 찾아 시청하기도 한다. 어느 정도 숙제가 해결되면 그날 할 일을 죽 적는다. 학교 책상 앞에 붙여 놓고 일하기 위하여 포스트잇에 한 번 더 적는다. 하루를 계획하는 소중한 시간이다. 이렇게 하면 학교 가서 가장 먼저 할 일부터 시작할 수 있다. 시간을 낭비하지 않고 자투리 시간을 만들어 독서하거나 좋아하는 동료 교사와 차를 마실 수도 있다.

일기를 쓰다가 노래 가사를 쓰기도 한다. 작곡가가 내리는 봄비를 보고 5분 만에 작곡했다고. 키보드로 간단하게 연주하여 녹음한 곡과 악보를 보냈다. 멜로디 안에서 촉촉하게 내리는 봄비는 조용하고 애잔하다. 일단 봄노래를 유튜브에서 찾았다. 그러다 BTS의 〈봄날〉과 송소희가 〈불후의 명곡〉에서 그 노래를 편곡해서 부른 〈봄날〉을 우연히 들었다. BTS가 지금은 겨울 속에서 살고 있지만 봄날이 되면 너를 다시 만날 수 있다는 희망을 간절히 노래했다면, 송소희는 가사를 살짝 바꾸어 영원히 만날 수 없어 더 보고 싶다는 정서를 국악으로 편곡하여 불렀다. BTS, 송소희-한 편의 뮤지컬을 보는 듯한- 동영상의 노래에 빠져 시간을 만들어 듣고 또 들었다. 이외에도 봄비 관련 노래를 국내 가요와 팝송까지 찾아 수도 없이 들었다. 2024년 3월 9일 토요일 카페에서 '봄비'에 대한 가사를 먼저 쓰고 <슬픔 내려요>라는 제목을 처음 붙였다. 7번의 노래 제목 수정과 몇십 번의 퇴고를 거쳐 한 달 후 <스쳐 가듯 비>라는 제목으로 여섯 줄의 가사를 만들었다.

음 하염없이 고운 밤에 비가 내리고 들어요 너는 / 소리 없는 봄의 숨결 음 먼지처럼 내려 음~ / 스쳐 가듯 우리 서로 바라보다가 내 / 어깨 위로 꽃잎 되어 떨어지는데 견딜 수가 있을까 / 나는 나는 너를 위해 밀어 올릴게 바람 따라 구름이 되어 / 너는 너는 나를 위해 퍼부어 다오 소나기가 되어서

고요한 밤, 소리 없이 비가 내리는 순간을 배경으로 사랑과 그리움이 교차하는 섬세한 감정을 표현했다. 그리고 비와 꽃잎, 바람과 소나기 같은 자연의 이미지에 둘의 감정을 투영하며 두 사람의 관계를 은유적으로 그려 냈다.

가사를 쓰는 일은 재미있다. 영화, 음악, 드라마, 시, 소설, 패션 화보 「보그 코리아」, 뮤지컬, 뉴스, 유튜브에서 필요한 내용을 선택하고 서로 섞어 새로운 것을 만든다. 그 과정을 사랑한다. 시각, 청각, 촉각, 미각, 후각, 공감각적 이미지를 사용하여 표현하거나 대화를 사용하기도 한다. 지금은 사람들에게 힘과 용기를 주는 노래 가사를 준비 중이다. 강산에의 <거꾸로 강을 거슬러 오르는 저 힘찬

연어들처럼〉을 들으며, 스스로에게도 힘찬 언어가 되자고 외치며 가사에 담을 단어를 떠올린다.

새벽마다 내가 쓴 가사의 노래 〈스쳐 가듯 비〉를 듣는다. 지금은 다른 사람이 쓴 책을 읽으며 고개를 끄덕이고 있지만, 몇 년 후에는 내가 쓴 글을 매일 읽으며 잔잔하게 웃고 있으리라. 블로그에 올릴 글을 쓰는 날도 있다. 그러다가 잠깐 쉬고 싶으면 침대로 간다. 침대 위에 깔아 놓은 전기요가 따뜻하다. 그 위에 몸을 누인다. 오리털 이불을 덮는다. 새벽안개가 내 몸을 감싼 듯하다. 어린 시절이 떠오른다. 겨울날이라야만 된다. 따뜻한 아랫목에 배를 깔고 누웠다. 찰나 구들장 아래서 동생들과 함께 깔깔대며 웃던 어린 시절이 떠오른다. 아니, 아무 생각 하지 않는다. 쉰다. 순간을 즐긴다. 이어폰을 낀다. 10대부터 좋아했던 〈Angel of the morning〉을 듣는다. 나는 살아 있다. 과거를 만나 매만진다. 어쩌면 노래를 들으며 새벽의 천사가 되는 꿈을 꾸는지도 모르겠다. 노래의 주인공이 되어 노래 속으로 자꾸만 빠져든다. 그러다 가사의 내용이 궁금해 네이버를 검색하다 블로그를 만났다. '크리에이티브 코리아' 님의 블로그에서 원어와 함께 번역된 가사를 읽는다. 가사를 이용하여 핵심 가치를 뽑아 설명하고, 노래에서 드러난 창의적 영감을 일상, 직장, 예술에서 어떻게 활용하면 좋을지 구체적 방법을 알려 준다. 나도 모르게 입이 벌어졌다. '음, 이렇게 열심히 가사를 분석하였구나! 열정이 부럽다.' 앞으로도 많이 이용하려고 '이웃'으로 추가했다. 오늘도 이렇게 블로그 안에서 새로운 사람을 만났다. 처음 만난 그 사람의 마음을 읽는다. '이 사람은 독자들에게 도움이 되는 글을 쓰고 있구나! 나는 무엇인가? 나는 아직도 나의 이야기를 쓰는 데 머물러 있는데.'라는 자책과 함께 그 블로거의 음악을 사랑하는 방법을 배운다. 블로그 안을 더 들여다보았다. Guns N' Roses의 〈November Rain〉을 만났다. 유튜브에서 제목을 검색하고 노래를 들었다. 8분이 넘는 동영상은 2009년에 만들어졌다. 조회 수 2,237,810,192회. 이런 노래를 만나다니, 명품 가방을 선물로 받은 것보다 더 기쁘다. 이렇게 블로그에서 만난 열정적인 사람을 멘토로 삼아 글을 읽으며, 내 글쓰기를 돌아보고, 더 나은 방향으로 나아가고자 노력한다.

새벽은 온전히 나만의 시간이다. 누구에게도 방해받지 않는 고요 속에서 떠오르는 생각들은, 하루의 분주함 속에서는 느낄 수 없는 깊이를 가지고 있다. 처음에는 단순히 하루를 돌아보거나 짧은 감정을 적는 것으로 시작했다. 그러다 매일 새벽 4시에 일기를 쓰는 습관이 쌓이면서, 내 안에 묻혀 있던 이야기와 창작의 씨앗들이 모습을 드러내기 시작했다. 새벽은 아이디어의 황금 시간대가 되었다. 머리가 맑고, 마음이 편안할 때 우리는 더 진솔하고 창의적인 생각을 끌어낼 수 있기 때문이다.

새벽 4시에 일어나 일기를 썼다. 시작은 미미했다. 나만의 기록을 통해 자아를 마주하고, 내면의 소리를 글로 풀어냈다. 리듬을 만들었다. 이 습관은 단순히 글 쓰는 시간을 넘어 누구에게도 방해받지 않는, 나를 사랑하는 시간을 만들었다. 새벽 시간과 함께 꾸준한 힘이 더 중요하다. 단절하지 않아야만 성장은 이루어지기에.

새벽마다 자유로운 영혼이 되어 새로운 나, 변화하는 나를 만났다. 삶을 다시 디자인하였다. 작은 습관 하나가 인생의 큰 물줄기를 만들 수 있다. 행동으로 옮기지 못한 생각은 날개를 펴지 못한 새에 불과할 뿐, 실행만이 답이다.

진짜 인생은 어른이 되어서 좋은 습관과 함께

최경희

어른이 되어 사회생활을 하며 어릴 때 읽지 못했던 책을 만나 독서 습관을 키워 나갔다. 처음 시작은 필요에 의한 강제 독서였으나, 지금은 습관으로 자리 잡았다. 나에게 가장 큰 인생의 변화를 준 것이 독서 습관이기도 하다.

30대부터 책을 가까이하게 되면서 나의 삶은 바뀌기 시작했다. 현재 내가 머무는 곳 어디든 책이 있다. 특히 얼마 전 이사를 하고 서재에 신경을 많이 썼다. 침실 창은 폴딩 도어로 제작하여 아랫부분에는 앉아서 책을 읽을 수 있는 공간을 마련해 두었고, 거실 한쪽에 서재를 두어 언제든 눈이 가도록 배치했고, 주방에는 뒤 베란다와 분리되는 벽 가운데 공간에 거울을 들어내고, 앞뒤로 선반을 만들어 식탁 옆에는 서재로 쓰고, 뒤에는 주방 소품들을 올려놓는 선반으로 쓴다. 방 하나는 서재로 두어 작업도 겸한다. 일상을 마무리하는 밤에는 샤워를 하고, 안마를 받으며 가벼운 책을 읽는다.

가끔 지인들과 카페에 가면 책이 먼저 들어온다. 며칠 전에도 반가운 책을 만나는 기쁨을 누렸다. 바로 검색하여 주문! 지인들과 좋은 책 나눌 생각을 하기만 해도 기쁘다. 책이 도착하여 포장지를 뜯고 목차를 살피다 서서 읽게 되는 일도 종종 있다. 바쁜 틈 속에서도 가끔 여유를 만들어 주는 습관이기도 하다.

특히 독서 습관 중 좋은 것은 다양한 분야에 관심을 갖는다는 것이다. 덕분에 더 많은 세계를 간접적으로 경험하고 있다. 고백하자면 내가 너무나 많은 것을 모른 채 살아왔다는 사실이다. 알아가는 기쁨이 있다는 것에 감사하다.

덕분에 독서클럽 '책과함께'를 3년째 이어 오고 있고, '트레블링 소울'팀과도 책 수다 프로그램을 통해 독서 모임을 3년째 이어 오고 있으니 내 인생을 구한 습관이라고 할 수 있겠다.

두 번째 습관은 오랫동안 현역으로 지내기 위해 건강한 습관을 갖게 된 것이다. 2017년 5월, 건강 검진으로 내장 비만이라는 것을 발견하고 걷기와 식단 조절을 시작했다. 처음 시작은 6천 보 걷기로, 점점 늘려 만 보를 걷게 되었다. 식사는 6시 이전까지 끝내는 규칙을 지켰다. 두 가지를 지켰을 뿐인데 3개월 만에 건강한 몸을 만들 수 있었다. 몸은 솔직하다는 것을 그대로 느낀 경험이었다.

2021년에는 코치를 만나 몸을 다시 만들고 식단 관리를 철저히 했다. 물론 나의 기록을 위한 과정이기도 했지만, 새로운 나를 만드는 습관의 도전이기도 했다. 그 결과, 외부 활동을 제외하고는 건강한 식단으로 요리하여 식사를 챙기게 되었다. 근무 시간이 길거나 타이트할 때는 도시락을 챙기고, 조금의 여유가 있을 때는 집에 들러 식사를 챙긴다.

건강한 몸에 건강한 정신이 깃든다는 말이 있다. 매우 공감하는 말이다. 나를 학대하던 시절이 있었다. 내가 아까운 줄 모르고 나를 마구 부리던 때. 늦은 시간까지 일을 하며 잠을 재우지 않았다. 결국 나는 병원 신세를 지게 되었고, 난생처음 전신 마취를 하며 수술대에 누웠다.

요즘은 잠자는 시간을 확보하고 지키는 사람들이 부럽기도 하고 존경스럽다. 자기 자신을 아끼고 존중하는 모습을 보았기 때문이다. 그래서 나의 세 번째 습관은 밤 12시 전에 나를 재우는 것이다. 식사와 수면의 질을 높였을 때 최상의 나의 몸을 만나게 되었다. 앞으로도 놓치지 않고 지켜 내고 싶은 나를 만들어 준 소중한 습관들이다.

마지막으로 나를 멈추지 않고 성장하게 한 것은 '프로젝트'다. 개인 프로젝트와 팀 프로젝트로 진행을 해 왔는데, 역시 팀 프로젝트는 결과를 도출해 내는 데는 최상이다. 보통 프로젝트는 3개월이 적당하다고들 말한다. 하지만 개인적인 목적과 목표에 따라 기간을 정하면 된다.

100일간 진행했던 프로젝트는 『코스모스』 완독이었다. 팀으로 인증을 하되 각자 자신이 원하는 책을 읽어 인증했다. 과학 분야는 너무 먼 거리가 있었기에 꾸역꾸역 그냥 읽었던 책이다. 독서도 독서지만 무언가 꾸준히 해내는 습관 형성에 도움이 컸다. 또한 생각할 시간을 확보하기 위해 도움이 될 만할 책 한 권을 정해 팀을 만들어 필사를 하기도 했다. 1년 팀 프로젝트를 하기 위해 지인들을 모았다. 자아 성장팀. 독서, 운동, 감사 일기 세 가지를 자유로운 방식으로 활동하고 인증을 남겼다. 2년 개인 프로젝트는 성경 통독이었다. 원래는 1년 계획이었으나, 포기하지 않고 끝을 만났다는 것. 3년에 걸친 팀 프로젝트는 논어 필사였다. 나중에 알게 된 사실인데, 팀원 한 명은 자녀에게도 권하여 함께 쓰고 시댁을 방문했더니, 아버님도 논어를 쓰고 계셨다는 것이다. 3대가 논어를 필사했다는, 놀랍고 기쁜 일도 있었다.

결국 이렇게 몇 년간 함께한 팀원들 중 두 사람이 작가가 되었다. 우리는 더 나은 사람이 되어 가고 있다. 우리가 머리 하얀 할머니가 되어도 건강하고 아름다운 사람으로 이 세상을 맑게 이어 줄 거라 믿는다.

아침 루틴으로 당당하게, 자신 있게!

조경희

"선생님, 너무 예뻐요."
"세월을 거꾸로 사는 원장님!"
"요즘 비결이 뭐예요?"

학생들과 학부모님들이 이렇게 인사할 때마다 기분이 좋아진다. 매일 아침, 나는 양치하고 세수한 뒤 거울 속 자신을 바라본다. 그리고 밝게 웃으며 말한다.

"사랑하는 나, 오늘도 참 예쁘다!"
"멋진 하루 보내자. 파이팅!"

거울을 보며 다양한 표정을 지어 보기도 한다. 그때마다 마음속으로 주문을 외운다.

"세상에서 가장 멋진 선생님이 되자."

"아름다운 엄마가 되자."
"행복한 아내가 되자."

전날 밤 준비해 둔 옷을 입고 출근길에 오른다. 활기차게 하루를 시작하는 나는 세상에서 가장 행복한 학원장이다.

나를 가꾸는 하루 루틴은 다음과 같다.

첫째, 감사 명상 후 아침 운동과 산책으로 시작한다.
아침에 물 한 잔을 마신 후 감사 명상으로 뇌를 깨우고, 운동화를 신고 동네를 걷는다. 걷는 동안 커피를 즐기며 과일과 생필품을 구입한다. 하루 만 보 걷기를 목표로 1~2시간 동안 신선한 공기 마시며 몸과 마음을 깨운다.

둘째, 건강한 식단과 춤 연습을 즐긴다.
건강한 음식을 직접 준비한다. 도시락에는 채소와 콩, 단백질을 충분히 담고, 인스턴트 음식은 피한다. 간헐적 단식을 실천하며 몸의 균형을 유지한다.
또한, 주 2회 라인댄스 수업에 참여한다. 춤을 배우는 즐거움은 이루 말할 수 없다. 음악에 맞춰 춤을 추는 순간, 나는 전문 무용가처럼 느껴진다. 이 시간을 통해 나는 새로운 활력을 얻는다.

셋째, 열정을 다해 일하며 성장한다.
오후 1시, 학원에 출근해 학생들과 선생님들을 돕는다. 모두가 공부하기 좋은 환경을 만드는 데 최선을 다한다. 밤 10시까지 일하며 하루가 빠르게 지나가는 것을 느낀다.

퇴근 후에는 독서를 하거나 유튜브로 건강과 젊음을 유지하는 방법을 탐구한다. 또, 글쓰기 공저에 도전하며 성취감을 맛보고 있다. 매일 조금씩 나아지는 내가 자랑스럽다.

이렇게 하루를 긍정적인 에너지로 시작하며, 나는 스스로를 가꾸고 성장한다. 매일 반복되는 작은 습관들이 나를 더 강하고 행복하게 만든다. 앞으로도 이 루틴을 지키며 더 나은 삶을 만들어 나갈 것이다.

끈기라는 아이

김정후

일본어 단어장을 아침마다 30분씩 펼친 지 두 해가 넘었다. N3 일본어 시험을 시작으로 N2까지 무사히 통과했지만, N1에서는 불합격. 결과는 차치하더라도 매일 단어를 외우는 일은 절대 쉽지 않다.

"대화하는 데 불편함이 없는데, 왜 굳이 N1 시험까지 보려고 하세요?"

팀원이 내게 가끔 묻는다. 그렇다. 대화에는 아무런 불편이 없다. 그런데도 매일 이렇게 일본어 단어를 외우며 마조히스트처럼 고통을 자처하는 이유는 뭘까?

평범한 끈기가 나를 성장시킨다는 믿음 때문이다. 외국어는 배울수록 더 어렵게 느껴진다. 모르는 영역이 계속 커 보이기 때문일지 모른다. 회화가 가능해지면 유창하게 말하고 싶어지고, 유창해지면 네이티브처럼 구사하고 싶어진다. 모국어처럼 하는 게 불가능하다는 것을 알면서 말이다. "일본어 잘하시네요?"라는 식의 말은 모국어 화자 입장에서는 상대방의 실력이 아직 미숙하다는 의미를 내포

한다. 꾸준함이 이런 원치 않은 반응을 극복할 힘이 된다는 사실을 알기에 오늘도 나는 단어장을 펼치는 것이다.

꾸준함은 재능을 앞선다.

오랜 기간 관리자 역할을 하며 깨달은 점은, 토익 900점 이상의 점수에 머리가 빠르게 회전하는 직원이라도 '꾸준함' 앞에서는 이길 수 없다는 사실이다. 예를 들어, 내가 속한 기술 지원 분야에서 스마트하다고 평가받은 직원들은 종종 검증 작업을 소홀히 여기는 경향이 있다. 머리가 좋다 보니 시뮬레이션만 돌리고 직접 손을 대는 데는 소극적이다. 반면, 평균 이하로 평가받던 직원이라도 실패를 반복하면서 검증 작업을 꾸준히 수행했던 사람은 어느 순간, 전자의 한계를 뛰어넘었다.

글쓰기 역시 마찬가지이다. 출판사를 통해 책을 출판하기 전까지, 나는 매번 엉성한 문장을 붙들고 수정을 반복하며 끙끙댔다. '이게 정말 책으로 나올까?' 의문을 수없이 되뇌면서 말이다. 일상은 끊임없이 나를 유혹했다. '책 출판? 웃겨.' 하지만 황상열 작가의 "꾸준하게 글을 쓰는 사람이 진정한 작가입니다."라는 말에 용기를 얻어 일상의 유혹을 떨쳐 내고 나는 꾸준히 글을 썼다. 그런 꾸준함 덕분에 광화문 교보문고 매대에 내 책이 올라갔던 게 아닐까 싶다.

끈기는 운동에서도 예외가 아니다. 꾸준한 실천을 통해 자신을 변화시키고, 그곳에서 자신감을 찾기 때문이다. 운동을 처음 시작하는 시점에서는 누구나 의욕이 앞선다. 두드러진 성장을 기대하지만 실제로는 쉽지 않다. 너무 짧은 시간에 큰 성과를 바라기 때문이다. 평범한 사람들은 광속도의 빠른 성과를 바라서는 안 된다. 꾸준하게 수년간 투자하는 과정에서 작은 성장의 빛을 보는 것으로 생각해야 한다. 긴 노력의 과정을 통해 어느 순간, 확연히 변모한 자신을 발견할 수 있기 때문이다.

운동한다고 SNS에 사진을 올리는 사람들을 보면 약간의 아쉬움이 생긴다. 이런 사진을 공유하는 행위가 단순한 기록의 의미를 넘어 사람들에게 인정받고자 하는 의도가 깔려 있기 때문이다. 물론, 운동하는 모습을 공유하는 사람들을 비난하려는 의도는 전혀 없다. 다만 타인의 인정을 우선시하는 경우 자기만족이 뒷전이 된다는 문제를 지적하고 싶다. 이는 운동의 본질을 잊게 하고, 결국 도중에 멈추는 주요 요인이 될 수 있기 때문이다.

N1 일본어 자격증을 따기 위해 단어를 외우는 것도, 유명 작가가 되기 위해 계속 글을 쓰는 것도 아니다. 운이 좋아 이 모두가 이루어진다면 금상첨화겠지만 말이다. 운동을 지속적으로 하는 것도 같은 맥락이다. 단지 나는 일관성을 통해 성장한다는 사실을 확인했고, 꾸준함이 새로운 분야에 자기 잠재성을 키우는 데 중요한 역할을 했다는 것을 깨달았을 뿐이다.

'과연 이 강의가 사람들에게 감동을 주고, 그들의 행동에 변화를 일으킬 수 있을까?'

대인 관계와 관련한 온라인 강의를 준비하는 과정에서 나는 아직도 이런 생각을 한다. 여전히 스스로에 대한 의심이 고개를 든다. 하지만 나는 알고 있다. 꾸준함은 마법의 씨앗을 품고 생명력을 불어넣는다는 것을. '꾸준함'이라는 씨앗이 나를 성장시키고, 도전하는 분야에서 더 나은 자신으로 거듭나게 할 것을 믿는다. '공감'이라는 주제의 강연을 준비하고 있다. 미래를 향한 꽃봉오리가 솟아오른다. 벌써 마음이 쫄깃하다.

글쓰기 습관을 기를 수 있는 좋은 5가지 방법

황상열

2015년 여름 첫 책 『모멘텀』 원고를 쓰기 시작했다. 혼자서 쓰기 어려워 글쓰기 책을 읽고 강의를 들었다. 책 쓰기 특강을 듣기도 했다. 책과 강의에서 배운 대로 목차를 구성하고, 한 꼭지씩 원고를 썼다. 처음 쓰는 원고를 초고라고 지칭한다. 책 초고를 쓰기 위해서는 이제는 많은 사람이 알고 있는 것처럼 한글 프로그램 글자 크기 10포인트, 자간 160% 기준으로 최소 1.5~2장 이하 분량을 채워야 한다.

평소에 글을 쓰는 사람도 이 분량을 채우는 게 쉽지 않다. 나도 여전히 초고를 쓰기 전 어떻게 써야 할지 먼저 기획한다. 여기서 기획은 거창한 게 아니다. 어떤 주제로 쓸지, 그 주제를 뒷받침할 근거, 경험 등이 무엇이 있는지, 어떤 구성으로 글을 전개할지, 독자에게 이 주제를 통해 어떤 메시지를 줄 수 있는지 등을 한 번 고민하고 빈 종이에 적어 본다.

『모멘텀』 원고를 쓸 때 이 방법을 사용했다. 처음이라 기획하는 작업도 2시간 이상 걸렸다. 기획이 끝난 후, 실제 초고 작성하는 시간도 4시간이 넘게 걸렸다. 하루에 약 6시간 이상 글쓰기에 투자했다. 누가 들으면 하루 종일 시간이 남아돌아 그렇게 투자할 수 있는 게 아니냐고 물어볼 수 있다.

그 당시에도 지금처럼 주중 낮에는 8시간 이상 회사에서 일을 하는 직장인 신분이었다. 퇴근 후 가사와 육아를 도와주고 나면 밤 9시가 넘었다. 그때부터 온전하게 작은 책상에 쪼그려 앉아 원고 작업에 돌입했다.

『모멘텀』 원고를 작성하면서 글 쓰는 습관을 장착해야겠다고 마음먹었다. 무엇이든 반복해야 익숙하고 성장할 수 있다고 믿었다. 그렇게 하기 위해서는 뭐든 습관으로 만들어야 가능하다. 어떻게 하면 글쓰기 습관을 기를 수 있을까? 그 방법을 한번 소개한다.

첫째, 정해진 시간에 써야 한다. 어떻게 보면 가장 쉬울 수 있지만, 반대로 가장 어려운 방법이다. 하루 24시간은 누구에게나 공평하게 주어진다. 이 시간 안에서 정해진 시간에 매일 글을 쓸 수 있다면 습관은 쉽게 만들 수 있다. 자신이 가장 편하게 쓸 수 있는 시간을 정하자. 새벽도 좋고, 밤늦게도 상관없다.

둘째, 매일 조금씩 쓰자. 이 방법이 글쓰기 습관을 가장 빠르게 만들 수 있다. 운동과 마찬가지로 매일 조금씩 하면 어느 순간 글쓰기가 익숙해진 자신을 만나게 된다. '작가'라는 명사가 되기 위해서는 매일 '쓴다'라는 동사에 집중하자.

셋째, 목표를 정한다. 책 쓰기를 통해 출간 작가가 될지, 매일 또는 일주일 3회 이상 자신의 SNS에 글을 꾸준하게 올릴지 등 자신이 할 수 있는 목표를 정해 보자. 목표가 있으면 방향이 정해진다. 방향성이 생기면 그 목표를 달성하기 위해 매일 쓸 수 있다. 반복하면 습관이 된다.

넷째, 책을 읽고 자신 생각을 계속 쓰자. 쓰는 사람의 독서는 전체 한 권을 읽는 게 아니라, 그 책의 일부 구절이나 문장, 한 단어를 고른다. 선택한 문장이나 구절, 단어에 대한 자신 생각을 적어 본다. 이 방법으로 나는 글쓰기 습관을 장착할 수 있었다. '남의 글+나의 생각' 구성 방식이다.

다섯째, 완벽하게 쓰겠다는 마음을 버리자. 이 글을 완벽하게 쓰자고 마음먹으면 오히려 한 편의 글을 쓸 수 없다. 부담 없이 편안하게 독자를 돕는다는 마음으로 어떤 글이라도 쓰자. 그렇게 하루하루 지나면서 글이 쌓이다 보면 글쓰기 습관이 자연스럽게 장착된다.

『모멘텀』 원고를 쓰면서 블로그에 매일 한 편의 글을 올리기 시작했다. 아무리 졸려도 반복했다. 그렇게 한 달이 지나니 글 쓰는 습관이 형성되었다. 밥 먹고 양치하듯이, 글쓰기도 나의 루틴이 되었다. 그 루틴을 반복한 지 10년이 되었다. 이제는 아무리 바빠도 어떠한 형태로 글 한 편을 쓰고 하루를 마무리한다.

글쓰기 덕분에 힘들고 지친 일상에 힘을 낼 수 있었다. 인간관계나 업무로 힘들 때마다 내 감정을 알아차리고 솔직하게 글로 옮겼다. 글을 쓰다 보면 올라왔던 감정이 가라앉는다. 그 상황이나 현상을 객관적으로 보면서 내 반응을 좋은 쪽으로 바꾸고 있다. 위에 소개한 5가지 방법으로 글쓰기 습관을 만들어 보자. 습관이 결국 당신을 근사한 작가로 만들어 준다.

4장
이것만큼 꼭 해야 했던 결단

1년의 쉼

김지윤

작년, 고등학교 3학년 아들은 전국의 거의 모든 전공 관련 학과에 수시 원서를 접수하였다. 연말정산 내역에 대입 전형료 항목이 따로 집계되어 있었는데 놀랍게도 250만 원 남짓이었다. 미술 전공이어서 25번의 실기시험과 면접을 거쳐야 했고, 거의 모든 실기시험장에 따라다녀야 했다. 거기다 근무하는 학교에서는 11개의 학급을 아울러야 하는 6학년 부장을 맡고 있어 6학년의 진수를 제대로 맛보며, 하루하루를 믹스커피로 버티고 있는 상황이었다.

오펜하이머급의 혼란과 잠 못 자는 밤을 지나며 난 작년 초부터 생각했던 경기도교육청 연구년 파견 교사 제도에 지원하게 되었다. 경기도교육청연수원 파견직인 연구년제는 1년 동안 교사 본인이 지정한 주제로 연구에 집중할 수 있도록 하는 제도이며, 무엇보다 많이 지쳐 있던 나로서는 동굴 끝에 보이는 작은 한 줄기 빛처럼 느껴졌다.

연구년제 신청은 계획서 제출과 면접으로 이루어졌다. 연구년제 계획서 제출은 학교 체육 대회, 동료장학, 아들의 수시 원서 작성과 겹쳐 숨 가쁘게 돌아갔다. 퇴근하고서야 작성할 수 있었지만, 아들의 입시로 집은 집대로 전쟁터였고, 난 뇌 한쪽이 정지된 듯하게 정신 줄을 겨우 잡으며 버틸 수 있었다.

필요한 서류들을 준비하고, 그 전에 근무했던 학교에 요청해야 하는 증명 양식들을 팩스 민원으로 신청하자마자 넣었는데, 여러 학교에서 '행정감사 중이라 바쁘다', '양식을 모르겠다'는 전화가 걸려 왔다. 언제나 그러하듯 '이번에도 머피의 법칙이 작용하는구나' 하고 나 자신을 달래며 하나하나 허들을 넘는 기분으로 나아갔다.

신청 공고가 뜨고 주어진 시간은 일주일 남짓의 시간이었고, 마감을 앞둔 월요일 직전 주말엔 토요일은 아들의 대입 실기 시험로 멀리 충주에 다녀와 자정이 다 된 시간에 귀가하였다. 다음날 겨우 노트북을 들고 나와 근처 커피숍을 옮겨 다니며 일요일 밤 10시가 넘어서 가까스로 완성할 수 있었다. 정말 한 글자, 한 글자 도려내는 듯한 인내의 시간이 지나고, 문서의 저장 버튼을 누르는 순간엔 안도의 한숨이 저절로 터져 나왔다.

그러나 이상하게 준비하면서 불안하거나 의심이 들진 않았다. 명랑소녀 스타일이긴 하나 잔걱정 많고 불안도 높은 난 이번엔 마음이 확고했고, 될 거라는 확신이 들었다. 그런 내 확신에 보답이라도 하듯 1차 합격 소식이 들렸고, 면접 준비를 하게 되었다.

마침내 면접날 면접장에 들어서자마자 휴대폰을 반납하고 아무 자료도 읽을 수 없었고, 그저 숨죽이고 면접자 선생님들끼리 수다를 떨며 불안을 이겨 낼 수밖에 없었다. 몇 시간을 보내고 드디어 각자 배정된 면접실 앞에서 대기자로 서자 먼저 들어간 면접자의 소리만 복도에 가끔 새어 나오는 것만 들렸다. 그제야 참고 참았던 불안이 올라오며 손이 덜덜 떨려 왔다. 떨리는 내 손을 붙잡으니 절로 기도가 터져 나왔다.

그렇게 마스크를 쓰고 침묵으로 일관하시는 면접관 세 명 앞에서 3가지 면접 질문지를 앞에 두고 15분 정도의 고해성사 같은 대답을 이어 갔다. 그런데 참으로 희한하게 내 입에서는 마치 내가 말하는 게 아니라 누군가의 도움을 받는 것처럼, 많이 유창하지는 않았지만 술술 대답이 나오고 있었다. 면접을 마치고 나서야 '기도의 힘이 아니었을까' 하는 생각이 들었다.

최종 발표가 나는 날은 유난히 힘들고 고단한 금요일이었다. 퇴근 시간까지 발표 소식은 나지 않았고 그날 밤에야 합격했다는 메신저가 교육청에서 와 있었다. 기뻤다. 예전 대입 합격 소식을 들었던 순간과 임용고시 발표날, 그리고 자동차 면허를 한 번에 딴 날만큼 스스로 대견하고 기뻤다.

3월이 되어 더 이상 학교에 출근하지 않고 참여한 연구년제 워크숍 때 연구년제 선배님들은 지금 시작하는 우리가 부럽다는 이야기, 충분히 쉬고 충전하며 연구하라는 조언을 아끼지 않았다.

그렇게 꿈결같이 1년이 흘렀다. 연구년제 같은 분임 선생님들과의 일본 군함도 투어, 제주도 선진학교 방문(학교 안에 야자수가 있었다.), 집 앞 독립서점에서의 독서 모임, 다양한 재능을 가진 사람들과의 만남…. 그 안에서 난 물 만난 고기처럼 살아 숨 쉴 수 있었다.

새해 첫날처럼 많았던 버킷리스트를 다 이루지는 못했어도, 이 일 년이 없었다면 난 어디까지 버틸 수 있었을까? 한라산 중반에 있던 산장에서 생수 한 병으로 한라산 꼭대기까지 올라갈 수 있었듯이, 정년퇴직의 꿈을 이루기 위한 한 번의 쉼은 꼭 필요했다.

내가 하고 싶은 일을 하고 산다는 것보다 행복한 일이 있을까? 내가 잘하고 좋아하는 일이 내 직업이라면, 내가 그 일을 진짜 좋아한다면, 여기서 그만둔다면, 두고두고 미련이 남을 것 같다면. 이 길이 나의 길이 맞다는 생각이 들며 또 한 번 감사의 기도를 하게 되었다.

이제 난 근무지 자체를 옮겨야 하고, 기존의 익숙한 자리에서 옮겨 새로운 곳에서 시작해야 한다. 이전의 상처와 쌓여온 고민들과 이번 해의 힐링과 충전이 합쳐져 내년엔 어떻게 나타날지 예측할 수 없다. 때론 그만두고 다른 일 뭘 해 봐야 하나 기웃거리기도 할 거고, 방학만 기다리기도 할 거고, 심장이 뛰고 머리가 아파 잠 못 이루는 밤도 있을 것이다. 배신감에 몸서리를 치는 날도, 한밤중 새벽에 일어나 미처 다 못 한 일 때문에 허겁지겁 노트북을 켜는 일도 있을 것이다.

그럼에도 불구하고 지금 나는 아직 내게 정년퇴직까지 10년 넘는 기간이 남아 있음에 안도한다. 못 다한 미련을 다 풀 수 있을 기간이기에…. 정말 진력이 나서 더 이상 못하겠다, 미련이 하나도 안 남을 때까지, 그렇게 뒤도 안 돌아보고 떠날 수 있을 때 정년퇴직하는 것이 나의 소망이다.

꿈을 이루는 마스터키

최홍미

사람들은 각자의 목표를 이루기 위해 다양한 계획과 루틴을 세운다. 나 역시 목표가 있다. 나는 성공보다는 성장을 목표로 삼는다. 성장의 길은 거대한 성공을 추구하는 것보다 꾸준히 나아가는 작은 발걸음들로 이루어진다.

성공은 높은 산처럼 느껴진다. 많은 노력과 경쟁이 필요하고, 때로는 실패와 좌절도 감수해야 한다. 반면, 성장은 스스로 설정한 목표를 향해 천천히 나아가는 과정이다. 나는 성장의 길을 선택했고, 매일 조금씩 나아가는 삶을 살고 있다.

내 성장의 중요한 도구는 글쓰기다. 나는 매일 조금씩 글을 쓰며 내 이야기를 만들어 간다. 처음에는 글을 쓰는 것이 어렵게 느껴졌다. 그래서 감사 일기를 쓰며 글쓰기의 습관을 들였다. 하루에 감사한 세 가지를 적으며 글쓰기를 시작했고, 점차 글쓰기에 자신감을 갖게 되었다.

글쓰기 과정에서 나는 메모의 중요성을 깨달았다. 떠오르는 생각들을 놓치지 않기 위해 항상 메모장을 지니고 다닌다. 좋아하는 글귀나 명언은 필사를 통해 내 것으로 만든다. 이러한 과정은 글쓰기의 기초를 다지는 데 큰 도움이 된다.

시간 관리 또한 글쓰기를 지속하기 위해 중요한 요소다. 나는 하루 일정에서 글쓰기를 가장 중요한 우선순위로 두고 있다. 글쓰기와 관련된 루틴을 만들고, 하루 중 가장 집중력이 높은 시간에 글을 쓴다. 이러한 작은 노력들이 쌓여 나를 성장하게 만든다.

건강은 성장을 위한 또 하나의 필수 요소다. 나는 매일 운동을 통해 몸과 마음의 균형을 유지하고 있다. 걷기와 스쿼트는 내게 가장 적합한 운동이다. 걷기는 장소와 시간에 구애받지 않고 할 수 있는 최고의 운동이다. 스쿼트는 하체 근력을 강화하고, 전신의 균형을 잡아 주는 데 효과적이다.

글쓰기를 통해 나는 내 삶의 의미를 찾고 있다. 글을 쓰는 과정은 나를 성장시키고, 나만의 이야기를 만들어 가는 길이다. 작은 발걸음들이 쌓여 나의 꿈을 향한 길을 완성해 가고 있다.

나는 꿈을 이루기 위해 꾸준히 실천하고 있다. 작은 변화와 노력들이 쌓여, 언젠가 내가 꿈꾸는 모습을 현실로 만들 것이라 믿는다. 글을 통해 나를 성장시키고, 다른 사람들에게 영감을 줄 수 있다면 그 이상의 행복은 없을 것이다.

책을 쓰면서 변하기 시작하다

김정훈

본격적으로 독서에 몰입했던 시기는 약 6년 전이다. 일 년에 책 한 권을 읽지도 않던 내가 갑자기 독서에 진심이 되었다. 부끄럽지만, 내가 책을 많이 읽기 시작한 이유는 부자가 되고 싶어서였다.

워런 버핏이나 빌 게이츠 같은 부자들이 독서광이고 아이디어를 책에서 얻는다는 기사를 본 적이 있었다. 나는 호기심이 발동되었다. '나도 책을 많이 읽으면 부자가 될 수 있을까' 하는 아주 원초적인 의문이 생겼다. 부지런히 책을 읽었다. 1주에 1권씩 부를 쌓는 내용의 책을 집중적으로 읽었다. 독서를 본격적으로 한 계기가 불손하긴 하지만, 책과 좀 더 가까워진 게 얼마나 다행인가.

책을 읽으면서, 부자들은 자신의 분야에서 성공한 후에는 글을 쓰고 강연을 하면서 대중들과 소통을 한다는 사실을 알았다. 그들은 부자임에도 불구하고 끊임없이 노력한다는 의미다. 나도 지금 당장 무언가를 시작해야 할 것 같았다. 결국 생각해낸 것이 책을 쓰는 것이었다. 너무나 뜬금없는 결심이었다. 내가 성공한 사람도 아닌데 책을 쓰는 게 가능한 일인지 고민이 살짝 되었지만, 일단 저질러 버렸다.

결론부터 얘기하자면, 책 쓰기를 하지 않았더라면 평생 후회할 뻔했다. 갑자기 부자가 되었다거나 유명해진 삶을 살게 된 것은 아니지만 책을 쓴 것만으로도 얻은 긍정적 효과가 크다. 내 인생에 긍정적 가치를 더할 수 있어서 상당히 만족스럽다.

책을 쓰겠다는 결단과 행동이 나의 삶에 어떤 영향을 미쳤는지 얘기해 보고 싶다.

첫째, 약한 자존감을 끌어올렸다. 처음 책 쓰기에 도전했을 때, 예상대로 너무 어려웠다. 글쓰기의 기초를 배우기 위해 매주 서울로 향했다. 설령 지도를 받는다고 하더라도, 글이 생각만큼 멋지게 써지지 않았다.

선생님의 거침없는 지도 방식에 힘들어했고, 시간이 날 때마다 주어진 숙제를 하느라 정신이 없었다. 보강 수업도 몇 번이나 했는지 기억이 나지 않을 정도로 일정이 힘겨웠다. 정말 눈물이 쏙 빠지는 경험이었다. 내가 과연 성공적으로 책을 출간할 수 있을지 의문이 들기까지 했다. '그냥 포기해 버릴까' 하는 생각을 수십 번, 아니, 수백 번도 더 했다. 오죽했으면 새벽마다 '나는 멋진 책을 출간한다'라는 문장을 백 번씩 쓰는 일을 했을까.

우여곡절 끝에 책을 쓰는 과정을 한 번 거쳤다. 출간된 책을 내 손에 들고 있는 그때를 아직 잊지 못한다. 고생했던 기억이 주마등처럼 스쳐 지나갔다. 제대로 보상을 받았다는 생각에 그 기쁨을 이루 말할 수 없었다. 책 쓰기 과정을 거치면서 '나도 한다면 하는 사람'이라는 걸 증명했다. 고작 책 한 권을 썼을 뿐이지만, 낮아지는 자존감과 자신감을 회복할 수 있어서 너무 행복했다. 어떤 어려운 일이 닥쳐도 잘 헤쳐 나갈 수 있을 것만 같았다. 남은 내 인생에 자양분이 될 중요한 자산을 얻은 셈이다.

둘째, 자아를 찾고 도전하는 삶을 제공했다. 책을 쓰고 난 이후에 나는 고민이 더 많아졌다. 내가 무엇을 잘하는 사람인지, 나 자신을 탐구하는 시간을 많이 가지게 되었다. 책을 쓰고 나면, 나만의 퍼스널 브랜딩(Personal Branding)이 뚝딱 하고 나타날 줄 알았다. 하지만 아이러니하게도 더 미궁 속에 빠진 느낌이었다.

나만의 퍼스널 브랜딩을 찾아보려고 예전보다 더 다양하게 책을 읽고, 더 많은 교육에 참여하면서 도전을 계속했다. '1인 기업 CEO'라는 과정에 수개월 참여하면서 다양한 멘토들을 벤치마킹하기도 했고, 교수님과 상담하면서 나의 강점을 끌어내는 작업을 계속했었다.

책을 쓴 이후로, 나의 강점을 찾아서 '퍼스널 브랜딩'을 만들어야 한다는 것을 알았다. 작가가 되지 않았더라면, 평생 자아를 탐구하는 시간이 없었을지도 모른다.

셋째, 작가라는 타이틀이 다른 사람에게 신선한 자극을 주었다. 내가 책을 출간했다는 소식을 들은 사람은 나를 대단하게 바라본다. 책의 내용은 차치하고서라도 작가라는 사람을 보는 게 쉽지 않기 때문에 신기했을 것이다. 내 주변에는 언젠가는 책을 쓰겠다고 생각하는 '잠재적 작가들'이 많다. 그들에게 나의 행동이 하나의 '트리거(Trigger)'로 작용했다. 나에게 자극을 받아서 책을 쓰기 시작한 사람이 있다는 사실이 얼마나 뿌듯한지 모른다. 누군가에게 선한 영향력을 끼친 사람이 되었다는 사실이 믿어지지 않는다.

넷째, 새로운 분야를 끊임없이 배우기 시작했다. 책을 출간한 것도 잠시, 이를 어떻게 팔 것인가 고민하고 방법을 찾아야 한다. 처음 책을 출간했을 때 마케팅이라는 영역에 너무 무지했다. 책을 많이 팔 생각으로 밑천을 들여서 마케팅 활동을 했지만 큰 효과를 보지 못했고, 돈만 낭비한 결과를 가져왔다. 당시에 제일 아쉬운 부분이 마케팅을 너무 몰라서 내가 할 수 있는 것을 찾지 못했다는 것이다.

마케팅이 중요하다는 사실을 돈 주고 배운 셈이다. 비단 책을 출간할 때뿐만 아니라 모든 경제적 활동에서는 마케팅 없이 불가능하다. 자신의 제품이나 아이디어를 상품화시키고 널리 알리는 과정이 중요하다는 사실을 책을 쓴 이후에 뼈저리게 느끼게 되었다.

나는 바로 마케팅 공부를 시작했다. 가장 먼저 SNS 활용법을 배웠고, 블로그도 쓰기 시작했다. 다양한 마케팅 서적을 읽었고, 다양한 교육도 참여했다. 하지만 전문가들처럼 쉽게 마케팅 효과를 보지는 못했다. 정말 짜증이 났고, 어떻게 해야 할지 매번 고민이 되었다. 마케팅은 단기간에 섭렵할 수 있는 것이 아니다. 분명한 것이 있다면, 자신의 분야에서 인정받으려면 마케팅 활동을 꾸준하게 해 나가야 한다는 것이다. 정말 많은 방법이 있음에도 자신을 홍보하고 고객을 끌지 못하면 얼마나 속상할까. 작가도 예외가 아니라고 생각했기 때문에 꾸준히 공부하고 있다. 과거처럼 마케팅을 소홀히 해서 내 책을 적극적으로 알리지 못한 실수를 두 번 다시 하고 싶지 않았다.

나는 고작 한두 권의 책을 써 본 초보 작가일 뿐이지만 내 인생에 긍정적인 영향을 미쳤음을 얘기했다. 궁극적으로 책 쓰기는 나의 사고를 유연하게 해 주었다. 다른 사람의 삶도 존중할 줄 아는 사람으로 변하고 있다. 나와 생각이 다르면 존중할 줄 모르던 철없이 살던 내가 달라졌다. 나의 이런 변화는 회사 생활로도 이어졌고 직원들에게 존중받고 있음을 느낀다. 한마디로, 중년임에도 삶이 더 풍요로워지고 있다.

다시 한번 말하지만, 나는 세상을 바라보는 시선이 달라졌다. 책 쓰기 덕분이다.

지금 이 순간, 행복하자

연미영

회사를 퇴사하고 한동안 나는 복잡한 감정들을 느꼈다. 그동안 여러 가지 힘든 일들을 감당했는데, 결국은 퇴사라니. 나 자신과의 싸움에서 진 것 같은 기분이었고, 낙오자가 된 느낌이었다.

회사에 다닐 때는 워킹맘이라 싫었는데, 이제는 아니라는 사실에 오히려 나 자신이 초라해 보였다. 나도 모르게 '그때 그랬어야 했는데' 하는 후회의 감정에 자주 휩싸이곤 하였다.

지금은 매일 무탈한 일상을 가질 수 있다는 것에 감사하지만, 불과 일 년 전까지만 해도 나는 수시로 나의 처지를 비관하곤 했다. 나는 빨리 예전의 일들을 깨끗하게 잊어버리고 새로운 마음으로 다시 일어설 준비를 해야 했다.

『지금 이 순간을 살아라』의 저자 에크하르트 톨레는 말한다. "지나간 시간을 지나치게 후회하거나 혹은 미래 지향적으로만 사는 것은 '지금'이 아닌 '심리적인 시간'에 머무는 것"이라고 말이다. 현재에 집중하지 못하고 과거나 미래만을 생각하며 사는 것은 지금이 아닌 심리적인 시간을 사는 것이다. 그리고 그때 내게 주어진 현재의 시간은 의미 없이 지나가 버린다. 결국 우리가 소유할 수 있는 것은 시간뿐이다.

"… 우리는 미래를 내다보면서 점을 이을 수는 없습니다. 우리는 오직 과거를 돌이켜 보면서 점을 이을 수 있을 뿐입니다. 따라서 여러분들은 지금 잇는 점들이 미래의 어떤 시점에 서로 연결될 것이라는 믿음을 가져야만 합니다."

바로 스티브 잡스가 2005년 스탠퍼드대학교 졸업식 축사에서 했던 말이다.

지금 내가 하는 행동들이 미래의 어떠한 기회로 연결될지는 알 수 없지만, 시도나 도전은 더 많은 기회를 낳는다는 것을 깨닫는다. 너무 거창한 목표를 세우거나 높은 기준을 세우지 않았으면 한다. 단지, 자신을 돌아볼 수 있는 시간을 가지는 것으로도 충분하다. 새벽 기상, 운동, 독서 등 어떠한 방법이든 좋다.

지금 내가 어떤 상태인지 수시로 살피며 나 자신과 대화를 해 보자. 그러면 내가 원하는 답을 얻을 수 있을 것이다. 시행착오를 많이 겪고 불혹의 나이를 넘기니 이제 조금은 알 것 같다. 나 자신과 대화하는 것이 무엇인지 말이다.

지금 내게 주어진 것이 무엇이든 그것을 사랑하자. 지금 당장은 이런 내 자신이 마음에 들지 않더라도 말이다. 결국 인생의 정답은 없다. 내가 살고 있는 현실에 발 붙인 이 하루하루가 결국은 내 인생을 만들어 간다. 그리고 무엇이든 당신의 도전은 아름답다.

| 길이 없으면 내가 만든다

강성희

20대 중반대의 일이다.

호주로 워킹 홀리데이를 떠났다. 남들이 다 간다는 그 워킹 홀리데이에 나도 합류하였다. 어느 해 9월 1일, 나는 비행기에 몸을 실었다.

호주를 가기 전날까지 바쁘게 지냈던 나는 호주에 도착하자마자 일주일간 집에서 쉬며 밖을 나가지 않았다. 집 근처 공원을 산책할 뿐, 아무 걱정 없이 일주일을 보냈다.

드디어 또각 구두를 신고 멋을 한껏 부리며 트레인을 타고 시티로 향했다. 호주 생활의 시작. 모든 것이 신기하고 새로웠다.

호주 브리즈번은 9월이 봄이다. 향기로운 내음이 한가득이다. 나중에 알게 되었지만, 내가 지금도 그리워하는 그 향기로운 꽃 내음은 자카란다라는 나무가 뿜는 꽃향기다. 아직까지 잊지 못 해 언젠가 큰 나무로 집 앞에 심을 계획이다.

꽃 내음에 취하며 시티에 도착한 나는 충격에 휩싸였다. 그 이유는 당연히 한국 네일숍이 호주에 있을 것이라 생각했기 때문이다. 너무 당연하게 생각했기에 너무 당황하였다. 왜 그렇게 무지했을까? 왜 단 한 번이라도 없을 것이란 생각을 못 했을까? 결국 한국인이 운영하는 뷰티숍을 찾지 못하고 어둑해지는 밤, 걱정 한가득 마음에 싣고 트레인을 탔다.

집에 도착함과 동시에 결심했다. 없으면 만들어야겠다. 그 단순한 생각으로 다음 날, 또각 구두는 벗어 던지고 운동화를 신었다. 한 손엔 시티 지도를, 또 한 손엔 펜을 들고 눈에서 불을 뿜으며 시티로 향했다. 단 하루 만에 달라진 마음으로 말이다.

지도에 체크를 하며 뷰티 매장들을 직접 방문했다.
"한국에서 왔는데, 네일숍 차릴 자리를 찾고 있다. 매장 안에 공간이 있다면 보고 싶다."
로봇 같은 말투로 말했다. 나중에 알게 된 사실이지만 브리즈번 시티에 소문이 났다고 한다. 작은 한인이 눈에 불을 켜고 매장 공간을 보여 달라고 한다고, 조심하라고 말이다. 그럴 만도 한 게, 내 눈엔 다른 게 보이지 않았다. 오직 내 선택에 따라 무조건 마음에 드는 자리를 찾겠다는 마음 하나였다.
결국 원하는 곳을 찾았고, 다음날 원하는 뷰티 매장과 계약서를 쓰게 되었다. 나의 첫 뷰티숍이 호주에 오픈하는 순간이다.

첫 매장은 방금 설명했듯이 호주에서 시작되었다. 순간적으로 선택한 호주 매장 운영의 경험은 삶을 대하는 나의 태도를 변화하게 만들었고, 실패할 수 없는 마인드를 가지게 만들었다. 누군가가 말하는 인생 터닝 포인트라 말할 수 있겠다.

호주의 매장은 매우 성황리에 잘 운영되었다. 시간이 흘러 2호점을 고민하던 순간, 한국행을 결심했다. 한국으로 돌아와 다양한 형태의 매장을 오픈해 보며 지금까지 꾸준히 경험을 쌓았다.

매장을 운영하며 듣는 많은 질문 중 하나는 "망하면 어떻게 해요?"라는 질문이다.

난 항상 똑같이 대답한다. "만약 내 매장이 망한다면 그건 내가 게을러서입니다. 다른 이유는 없습니다."라고 말이다. 타지에서의 생활은 화려해 보이지만 굉장히 노력해야지만 유지되는 것들이 있다. 꽤 큰 노력을 해야지만 유지할 수 있던 타지 생활도 성공적으로 하고 돌아왔는데, 한국에서 내가 망할 이유는 아무리 생각해도 게으름 그 외엔 없다.

호주에서의 선택은 내 인생에 한 획을 긋는 선택이었다.

살면서 결심해야 하는 순간들이 있다. 그 찰나의 순간이 인생에 어떠한 영향을 끼칠지는 아무도 모른다. 또한, 선택의 순간에 너무 많은 것들을 생각한다. '과연 잘할 수 있을까?', '성공할 수 있을까?' 쓰나미처럼 밀려오는 질문에 대한 대답은 아무도 모른다. 단지 해 봐야지만 그 결과를 알 수 있다. 나도 모르는데 누가 알겠는가?

나 또한 하루 만에 결정한 호주 첫 매장의 경험은 내 인생 최고의 원동력이 되었다. 어떠한 경우에도 실패하지 않는 매장을 만들었다.

누구나 실패를 두려워한다. 해 보지 않았기에 두려운 것이다.
폭풍의 눈으로 뛰어들면 평온하다.
성공의 눈만 가졌으면 한다. 실패는 성공의 어머니라지만, 실패만 생각하면 실패만 따를 뿐이다.

지금 글을 쓰기로 선택한 순간, 새로운 성공의 길이 또 열렸다.

고독도 선택이다

홍성화

세상을 살아가면서 우리는 여러 가지 일을 통해 희로애락(喜怒哀樂)을 느낀다. 사랑, 존경, 증오, 기쁨, 슬픔, 감탄, 황홀감, 고요함, 분노, 행복 등과 같은 감정들이 늘 가까이에 있다. 이 중에서 우리가 최우선으로 추구하려고 하는 행복은 저절로 오는 게 아님을 이미 잘 알고 있다. 삶의 주체로 살아가는 우리가 어떤 삶을 추구하고 어떤 가치를 택하느냐에 따라 행복은 느낄 수도 있고, 그렇지 않을 수도 있다. 그렇기에 '행복은 선택이다'라는 말이 나왔을 것이다.

그렇다면 고독은 어떤가? 나는 행복과 마찬가지로 고독도 선택이라고 생각한다. 더 나아가 고독할 줄도 알아야 한다고 생각한다.

'고독'이라는 단어를 들으면 '외로움'이란 부정적인 느낌부터 들 것이다. 고독(孤獨)이라는 단어 자체도 '세상에 홀로 떨어져 있는 듯이 매우 외롭고 쓸쓸하다'라는 뜻을 갖고 있다. 행복과 달리 고독은 부정적인 감정이라고 보기 쉬운데, 꼭 그렇지도 않다. 독일의 신학자

폴 요하네스 틸리히는 외로움과 고독을 구분했다. 자기의 주변이 텅 비어 있음을 느끼는 상태가 '외로움'이고, 나를 둘러싼 것들이 나와 하나라는 것을 느끼는 존재의 충만한 상태가 '고독'이라는 것이다. 물리적으로 고립(孤立)되거나 격리(隔離)되어 있다고 해서 모두 다 외롭고 쓸쓸하지는 않다. 반대로 매일 사람들과 관계를 갖고 활발하게 살아가는데도 우리는 얼마든지 외롭고 쓸쓸할 수 있다. 고독도 결국엔 마음에 달려 있고, 선택의 문제다.

삶이 갑자기 멈춰 버린 적이 있는가?

셋째가 백혈병 진단을 받은 2018년 9월 중순, 하늘이 무너지는 줄 알았다. 나는 그해 6월 10일부터 9월 2일까지 충남도서관에서 열린 '길 위의 인문학'이란 프로그램에 참여했었다. 문화체육관광부가 주최하고 한국도서관협회가 주관한 국비 공모 사업이었다. '사람과 책, 그리고 역사, 인문학 우리 삶의 길'이란 대주제로 약 3개월 동안 일요일마다 강연과 토론, 역사 탐방에 푹 빠져 살았다. 그러나 이것으로 끝이었다. 아이가 아프고 모든 것이 멈췄다. 혈액암인 셋째가 언제 어떻게 될지도 모르는 상태에서 나를 위한 시간은 없었다. 병원에서 시키는 대로만 하면서 셋째 치료에 전념했다.

또 있지 않은가. 코로나19가 전 세계를 집어삼킬 듯이 대유행했고, 우리는 멈춤을 받아들여야만 했다. 한 집에서 식구들과도 격리를 해야 했고 대대적으로 강연과 모임, 대화도 모두 멈춰 버렸다. 너도나도 공포 속에서 살았던 몇 년 전에 비하면 덜하지만, 코로나19

는 2025년 지금도 전 세계에 여전히 존재하고 있는 유행성 전염병이다.

'길 위의 인문학'은 누구 엄마, 며느리가 아닌 참여 주체가 나였기에 매시간이 경이로웠다. 결혼 후 처음으로 내 존재감이 살아났다. 이런 전율을 계속 이어 가고 싶어 프로그램이 끝나면 독서 모임에도 참여할 예정이었다. 그런데 간다는 연락만 해 놓고 한 번도 못 간 이상한 사람이 돼 버렸다. 셋째를 간호하며 끝이 언제인지도 모르는 시간을 외톨이로 견뎌야 했다. 세 아이를 출산하고 돌보는 그 시간들보다도 더 지독히 외로웠다. 앞으로 나아가고 있다고 생각했는데, 점점 뒤처져 가는 느낌이 미치도록 싫었다. 더는 내려갈 곳 없이 자존감이 바닥에 닿고 나서야 알았다. 죽으라는 법은 없다는 것을. 그때부터 고독과 한 몸으로 살기로 했다.

둘째 임신 중에 임신성 당뇨가 심했는데, 출산 후에도 좋아지지 않아 당뇨고위험군으로 낙인을 받았다. 천안에 있는 대학병원 내분비대사내과 교수님이 꾸준히 관리하며 살아야 한다고 했다. 그런데 셋째를 간호하다 위기가 닥쳤다. 많이 먹지도 않았고, 먹는 건 똑같은데 자고 일어나면 체중이 늘었다. 숨쉬기가 답답해 속옷도 한 사이즈 큰 것으로 바꿨다. 임신부처럼 배도 부풀었다. 병원에 도착해 유모차에 셋째를 앉히고 일어서려고 할 때마다 어지러웠고, 앞이 깜깜해져서 아무것도 보이지 않았다. 무서웠다. 이제 시작인데 내가 무너지면 안 되었다. 2019년 상반기에 작정하고 '클린'을 했다. 그즈음 읽었던 『클린』을 보고 동기 부여가 생겼을 때, 하기로 마음을 먹었다. 사람들과 만나지 않고 연락을 안 해도 되는 그 시간이 처음으로 고마웠다. 셋째뿐 아니라 내 건강을 위해서도 투자할 수 있는 절호의 기회였다. 홀로 있음이 편안하고 좋았다. 셋째를 간호하면서 35일 동안 철저하게 머리부터 발끝까지 대청소를 했다. 운동에 비해 평소에 우리가 먹는 음식이 훨씬 더 중요하다는 것을 그때 깨달았다. 몸이 받아들이기에 거북한 것들을 먹지 않으면 몸은 자연스럽게 정상으로 돌아온다. 다이어트는 목표가 아니라 덤이다. '클린' 하는 동안에 운동이라고는 스트레칭과 근처 공원을 산책하면서 가볍게 운동 기구를 한 번씩 체험한 게 전부였다. 내 몸속 세포 구석구석에 있던 찌꺼기들을 몽땅 밖으로 배출했다. 입이 즐거운 게 아닌 몸이 원하는 것으로만 채우자 내 몸이 달라졌다. '클린'이 끝나고 혈당이 정상 수치로 돌아왔다. 골밀도와 혈압 등도 정상이었다. 공복 혈당이 90 미만으로 5년이 지난 지금도 정상을 유지하고 있다. 참고로 정상 수치는 70~100mg/dL이다.

코로나19로 전 세계가 건강에서 자유로울 수 없었던 것도 기회였다. 그보다 앞서 이미 건강에 대한 간절함이 있었기 때문에 꾸준히 관심을 갖고 건강 관련 도서들을 깊이 팔 수 있었다. 실험과 도전 정신으로 터득한 방법이 몸 관리에 도움을 주었다. 어떻게 하면 건강할 수 있는지 습관이 된 것들도 있다. 건강도 저절로 얻어지는 것이 아니라 관심을 가져야 한다. 병원과 약에만 의존하면 반쪽 치료다. 남들이 다 한다고 무조건 따라 하는 운동은 건강을 위한 방법이 아니다. 나에게 맞는 운동을 찾아서 해야 한다. 내 몸은 내가 가장 잘 안다. 치료의 주체는 나라는 것을 명심하고, 자기 건강은 자기가 관리하고 지킬 수 있어야 한다. 이런 의지가 있는 사람이 아파도 잘 낫는다.

    세 아이들의 육아에서 셋째의 백혈병으로, 그리고 코로나19까지 고독의 시간들이 교집합처럼 겹치면서 이어졌다. 고독과 한 몸으로 산 시간은 나를 많이 성장시켰고, 발전시켰다. 외로움을 딛고 한 발 더 나아갔더니 고독과 친해졌다. 내가 누구고 어떤 사람인지, 무엇을 좋아하며 어떤 것을 할 때 행복한지를 끊임없이 질문하고 답했다. 아이들 육아부터 지금까지 10년이 훌쩍 넘었다. 제한된 생활로 사람들에게서 점점 멀어져 가고 점차 투명 인간이 되어 가고 있는 것 같아 삶이 무의미하게 느껴졌다. 많이 힘들었다. 그래서 허전하고 쓸쓸했던 그 시간을 내가 좋아하는 것들로 꽉꽉 채워 나가기로 했다. 이제는 빈틈이 없다. 내 안에 잠들어 있던 내면의 나를 깨웠다. 더 이상 나약하고 무지한 존재가 아니다. 한 번뿐인 인생을 흔들림 없이 살아갈 수 있는 내가 되었다. 지나고 보니 고독도 인생에서 겪어 볼 만한 감정이다. 그러니 먼저 다가가 맞이해 보자. 고독도 선택이다. 세상에서 가장 충만한 사람은 혼자 있어도 외롭지 않은 사람이다.

몸이 먼저다

> 양지욱

　18층에서 엘리베이터가 내려오고 있다. 습관처럼 벨을 눌렀다. 순간, '오늘 운동을 하지 못했지. 계단으로 걸어 올라가자.'라는 생각이 들었다. 핸드폰을 꺼내 시간을 보았다. 16시 57분. 바로 2층으로 걸어 올라갔다. 3층, 4층, 10층…. 몸이 전혀 힘들지 않았다. 캄캄하기 전이라 한 층, 한 층 올라갈 때마다 층수가 바로 보였다. 마음도 가볍다. 15층 넘어가니 숨이 조금씩 가빠지기 시작했다. 다리, 허벅지에 힘이 가해지기 시작했다. '스쾃 15번씩 4세트 할 때쯤 허벅지에 감겨 오는 통증이네. 괜찮아.' 나 자신에게 다독였다. 20층에서 2초 동안 숨을 쉬고, 22층 집까지 올라갔다. 17시 2분이 되었다.

　지난겨울, 교토 새벽 4시, 제주도 새벽 4시 40분, 집에서 새벽 3시에 눈을 떴다. 어디에 있든지 새벽에 눈을 뜨면 손가락 하나하나 관절 부위가 아팠다. 모양도 제각각으로 퉁퉁 부었다. 후끈후끈 열이 올라오기도 한다.

　오십이 되었을 무렵부터 온몸의 뼈가 아프기 시작했다. 특히 손이 가장 심했다. 엄지손가락 뼈마디가 불룩 커졌다. 나이가 비슷한 동료 교사와 친한 선배에게 손가락 관절이 아프냐고 물어보았다. 아프다고 말하는 사람이 거의 없었다. 갱년기 증상인 줄만 알았다. 무시했다. 아무런 조치도 취하지 않았다. 체념하고 아픔을 친구처럼 생각하고 살았다. 그러다 더 이상 아픔을 더 견딜 수 없어 고혈압 약을 처방받던 가정의학과 의사에게 증상을 이야기했다. ○○대학병원에서 류머티즘 관절염이 아니라는 진단을 받아 오라고 한다. 다행히 그 병은 아니었다. 여성 호르몬제를 처방받았다. 하지만 그 약을 먹어도 손가락뼈의 아픔은 가시지 않았다. 고질병으로 자리 잡았다.

2020년부터 새벽 4시에 일어나서 글을 쓰기 시작하였다. 새벽 기상과는 이미 친한 상태였다. 그 이전부터도 갱년기 증상으로 새벽이면 항상 잠을 못 자고 일찍 일어나는 습관이 있었기 때문이었다. 일찍 일어났지만, 별다른 의미 없이 시간을 보내던 차에 글쓰기는 날마다 새로운 순간을 맞이하게 해 주었다.

하지만 내가 글쓰기보다 몸이 먼저라는 것을 깨닫는 데는 그리 오랜 시간이 걸리지 않았다. 집중이 아주 잘 되는 날은 몇 시간이고 계속 자리에 앉아 글을 썼다. 눈이 흐릿해지고 허리와 목이 아파도 멈추지 않았다. 몰입하면 머릿속에 갇혀 있던 생각들이 어느 순간 봇물 터진 듯이 한꺼번에 쏟아지기 때문이다. 글을 쓰는 일은 내 존재의 증명이자 삶의 중심이다. 그러던 어느 날, 끊임없는 눈의 피로와 등과 목의 통증이 한꺼번에 내 몸을 휘감았다. 온몸의 뼛속까지 아픔이 다가왔다. 안 아픈 부위가 한 군데도 없었다. 글을 쓰기 위해서는 건강한 몸이 필수라는 사실을 확실하게 깨닫는 순간이었다. 통증의학과에서 치료받고, 여러 한의원에 가서 침을 맞고 한약을 조제해서 먹었다. 하지만 그때뿐이었다.

 태어나서 내 몸을 위하여 돈을 투자하고 운동한 적이 한 번도 없다. 거금을 내고, 재작년 8월부터 1년 동안 필라테스 학원에서 일대일로 수업받았다. 처음에 기대를 많이 했다. 뼈의 아픔이 바로 사라질 줄 알았다. 하지만 일주일에 두 번 가서 30분 진행하는 운동으로는 아픔이 전혀 가시지 않았다. 재미가 없었다. 못 가는 이유를 자꾸 만들다 보니 수업에 빠지는 시간이 점점 늘어났다. 운동하는 시간 대비해서 가격이 비싸다는 생각도 계속 들었다. 평상시에 어떤 일이든 결정을 바로 하고, 그 즉시 행동으로 옮긴다. 운동만큼은 이 나이에 포기하면 안 되는 중요한 일이라 몇 달 고민했지만 결국 그만두었다.

 그러다 작년 6월에 『몸이 먼저다』를 다시 읽으며 새로운 결심을 하였다. '퇴직까지 2년이 남았는데, 그때까지 건강한 몸을 만들겠다. 퇴직 후 혼자 운동할 수 있게. 삶을 아예 바꾼다. 한근태 작가처럼 헬스를 하겠다.'라고. 집에서부터 걸어서 5분도 안 걸리는 바우짐 헬스 센터에 가서 상담 후 바로 등록했다. 죽을 때까지 건강하게 살기 위하여 근육형 표준형 몸 만들기를 목표로 정하였다. 7월 중순부터 건강한 몸을 만들기 위하여 먼저 집에서 공복에 아침 6시부터 30분 동안 건강 관련 유튜브(주로 갱년기 들어 살이 찌면서 여러 병이 찾아와 걱정인 주부들)를 시청하면서 스테퍼를 밟았다. 독서가 급할 때는 자전거를 타면서 독서한다는 어느 작가를 모방하여 책을 읽기도 한다.

또한, 글을 쓰거나 업무하다 몸이 아프다는 신호를 보내면 바로 일어나서 아픈 부위 스트레칭 하기, 목 운동, 기계 없이 롱 풀 할 때처럼 두 팔을 앞으로 뻗은 후 배에 힘을 주고, 어깨에 힘을 주며 뒤로 잡아당기기 등 실생활에서 실천할 수 있는 일을 하나씩 늘리면서 습관을 만들고 있다. 한 달 정도 지나면서 가장 아팠던 등과 어깨 통증이 덜 느껴지기 시작했다. 아침에 눈을 뜨면 그렇게 아프던 손가락 관절이 거의 아프지 않았다. 딱딱하게 굳어 아팠던 손가락이 아침마다 부드럽게 움직이는 순간, 나는 나 자신에게 '잘하고 있어'라고 속삭인다. 이전에 잘 끼던 반지를 한동안 손가락이 부어서 잘 끼지 못했는데, 이제는 예전처럼 잘 들어간다. 밤에 자리에 누우면 8시든 9시든, 바로 잠이 든다. 몸이 가벼워지고 있다. 더 건강해지려면 식이요법도 겸해야 한다. 그래서 날마다 먹은 음식을 사진으로 찍어 PT 코치가 만든 밴드에 올리고 있다. 아직은 절제가 안 되어 잘 먹고 있다. 그래도 먹는 양을 조금씩 줄이려고 점심 식사 때 일부러 음식을 남기기도 한다. 천천히 먹으려고 조금씩 노력한다.

가장 피하고 싶은 더킷리스트(피하고 싶은 일의 목록)는 건강을 잃는 것이다. 재작년에 돌아가신 부모님 두 분도 걸어 다닐 수 없는 순간, 혼자 힘으로 할 수 있는 게 아무것도 없었다. 결국 요양 병원에서 죽음을 맞이하셨다. 두 발로 걷지 못했던 부모님의 마지막 순간이 떠오를 때마다 오늘 하루도 건강을 위해 움직이지 않으면 안 되겠다는 결심이 더욱 단단해진다.

무라카미 하루키도 말했다. "하루에 하나씩 해라. 육체적 틀을

늘 마련하라. 몸이 망가지면 아무것도 할 수 없다. 작가는 군살이 붙으면 끝이다. 결과를 가져오는 것은 실천이다."라고.

요즘은 하루를 움직임으로 시작한다. 뻣뻣했던 몸을 스트레칭으로 풀고, 맑은 공기를 마시며 걷는다. 몸의 균형이 잡히면 마음이 차분히 가라앉고, 내면 깊숙이 숨겨진 이야기도 떠오른다. 글쓰기는 머리와 손의 작업이 아니라, 건강한 몸과 열린 마음이 조화를 이룰 때 비로소 완성된다. 글쓰기보다 몸이 먼저다. 몸은 글을 담는 그릇이다. 그 그릇이 단단하고 건강할 때, 비로소 내 이야기도 사람들에게 따뜻하게 다가갈 수 있다. 따라서 글을 쓰는 사람이라면 누구든, 자신을 위해 몸을 돌보는 일부터 시작해야 한다. 글을 잘 쓰기 위해서가 아니라 더 오래 쓰기 위해서 말이다. 몸은 글을 담는 그릇이라는 깨달음은 단순한 진리가 아니다. 그것은 나를 지탱하고, 더 오래, 더 깊이 살게 하는 생존의 약속이다.

내 몸과 헤어질 결심을 하였다. 처음부터 큰 변화를 기대하지 않았다. 한때는 손가락 하나 움직여도 아파서 힘들었지만, 이제는 계단을 오르는 작은 성취에서도 내 몸이 얼마나 달라졌는지 느낀다. 계단 오르기처럼 간단한 것부터 시작하자. 그 작은 습관이 삶을 바꿀 수 있다. 오늘도 계단을 밟는다. 오른발, 왼발. 허벅지에 단단한 힘이 느껴진다.

나를 구원할 계절

최경희

지금까지 살아오며 재난의 계절들이 있었다.

위기가 기회였고, 기회는 다시 위기로 다가오기도 했다. 어쩌면 그런 재난의 계절들이 나를 구원한 것일지도 모른다.

삶의 재난은 언제든 찾아온다. 그 재난이 당사자에게는 가장 크고 고통스러운 시간들이다. 헤어나오지 못하고, 길도 없고, 손을 뻗어도 덥석 잡아 주는 이 하나 없을 때. 아무도 찾지 않는 어떤 곳에 혼자서는 결코 빠져나올 수 없는 늪에 갇힌 다급함과 답답함, 절망과 고통 속에서 앞이 보이지 않는 갑갑함으로 하루하루를 살아가기도 했다.

어찌 생각해 보면 평범하기 어려운 인생의 시작이었다. 출생부터 그랬다. 나의 생물학적 아버지는 이 시대라면 성폭행 범죄자로 유죄 판결을 받았을 것이다. 엄마가 탐이 나 소유해 버릴 욕심으로 발목을 잡았던 사람이다. 이미 약혼자가 있었던 엄마는 피해자가 손가락질을 받는 세상에서 미래를 포기할 수밖에 없었다고 한다. 그렇게 시작된 부모의 삶은 나와 내 동생의 삶, 그들의 가족 모두에게 영향을 미칠 수밖에 없었다.

그렇게 시작된 나의 삶은 성인이 되기 전부터 오롯이 나의 책임이 되었다. 내 또래의 사람들보다 먼저 어른이 되어야만 했다. 그럼에도 어긋날 뻔한 삶을 비켜 나와 누군가의 삶을 돕는 일을 하게 된 것은 참으로 감사한 일이다. 그 중심에는 나의 중학교 2학년 담임 선생님의 사랑이 있었다. 황이화 선생님.

"경희야, 너는 열심히 공부해서 꼭 대학에 가야 한다. 훌륭한 사람이 돼라."

그때만 해도 모두 대학을 가지는 않았기에 그분의 말씀은 '나를 꼭 쥐고 가야 한다'는 말로 새겨진 것 같다.

내가 나를 놓쳐서는 안 된다. 내가 가장 중요한 사람이므로 나는 나를 잘 붙들고 가야 한다.

이왕이면 조금 더 즐겁게. 재난의 계절들을 지나며 생각에 한계를 두지 않게 되었다. 새로운 일을 할 때마다 가능성을 염두에 둔다. 해내기 위한 궁리를 한다. 결국 그것을 해결한다. 시간이 걸리더라도 해낼 것이라는 것을 나는 알고 믿는다.

지금도 위기를 기회로 만드는 과정을 통과하고 있다. 감당하는 최소의 시간은 3년. 다행히도 1년을 잘 넘기고 2년째 접어들었다. 얼마나 감사한 일인가. 이 순간 글을 쓰면서 미소가 번진다. 고통을 지날 때면 떠올린다. 내게 얼마나 큰 축복을 주시려고 그러시나.

그다음을 기다린다. 기쁨의 미소를 짓는 그날을.

> **평범한 세 아이 엄마가 학원장 역할까지 하며 이룬
> 감동의 순간들!**

조경희

나의 인생 역할과 감사의 순간들!

    2007년은 우리 가족에게 새로운 도전과 변화가 찾아온 해였다. 결혼 후 세 아이 엄마로서의 역할이 즐겁게 자리 잡아 가던 중, 학원장이라는 또 다른 역할을 수행하게 되었다. 새로운 책임과 역할이 주어지면서 하루하루가 정신없이 흘러갔고, 그 과정에서 잦은 실수들이 일어났다. 그로 인해 일어난 손해들이 많았다. 그래서 찾아낸 해결책이 스케줄 기록장이었다. 바빴지만 매일 상세하게 일정들을 정리하고, 또 중요한 일들은 다시 수첩에 기록하며 계획과 다짐을 적기 시작했다. 매일 나아지면서 시스템화가 되어 갔다. 초보 학원장에게 감사한 기적이 일어나기 시작했다.

    아침 5시 30분, 남편과 함께 하루를 준비하며 "얘들아, 일어나서 학교 갈 준비 하자."라는 말로 아이들의 하루가 시작되었다. 아이들에게 밥을 먹이고 학교에 보낸 후, 집안일을 정리한 뒤 대구로 향하는 고속도로 위에서 영어 커리큘럼 콘텐츠 CD를 들으며 하루의 계

획과 중요한 업무들을 점검했다. 좋아하는 클래식 음악이 아닌 영어 리딩 본문을 반복하며 들었지만, 그것은 지겹지 않았다. 왜냐하면 내가 선택한 학원장의 역할을 잘 하고 싶었기에 더 재미있었다.

매일 바쁜 일과에도 항상 학생들과 소통하며 수업 후 가정 내 컴퓨터로 진행하는 온라인 숙제를 하고 싶어도 못하는 환경에 처한 학생들을 돕기 위해, 컴퓨터 기사님과 함께 가정 방문을 했다. 그래서 문제를 해결해 주며 최적의 학습 환경을 만들어 주기 위해 노력했다. 또 부모님들이 늦은 시간에도 아이들의 학습을 시킬 수 있도록 믿고 맡겨 주셨기에, 더욱 최선을 다해 도왔다. 특히 일 때문에 늦은 부모님의 귀가로 인해 저녁밥을 못 먹은 아이들에게는 김밥을 사다 주고, 설거지 청소까지 깨끗하게 마무리하고 돌아오는 길목에서는 벅찬 감정이 밀려와 나를 울컥하게 만들었다. 또한 최선을 다해 열정적으로 도움을 주는 학원장의 역할을 해냈다는 사실이 나를 자랑스럽게 했다. 가족과 학생들의 숙제와 업무를 늦은 밤까지 체크 및 확인하며 하루를 마무리했다. 매일 조금씩 나아지며 바빴기에 항상 감사했다.

최선의 노력이 10개월 후 결실을 맺었다. 드디어 개원한 그해 12월, 우리 학원은 전국 최우수 캠퍼스로 선정되었고, 바로 이어서 2008년 1월에도 연속으로 최우수 캠퍼스라는 영예를 안았다. 개원 1년 만에 목표로 했던 원생 수까지 달성하며, 학원의 시스템 관리와 지속적인 노력 덕분에 큰 성과를 이룰 수 있었다. 그리고 세 아이 엄마가 드디어 학원장의 역할을 난 해냈다. 남편에게 그리고 가족들에게 덜 미안했다. 앞으로 계속 더 나아질 것을 알기에 가슴이 두근두근 설레었다.

꾸준함과 사랑으로 학생들과 함께

오늘도 예비 중학생들 반에 들어가 20개의 단어를 함께 익히며 학생들에게 공부 방법을 지도하는 시간을 가졌다. 18년 전에도 학생들과 함께했었고, 지금도 변함없이 같은 공간에서 같은 역할을 수행하고 있는 나 자신이 자랑스럽다.

설명회에서 학생들과 학부모님께 그리고 함께 아이들을 지도하는 선생님들에게 항상 하는 말이 있다.

"다시 태어나도 나는 너희들의 선생님이 될 거야."

"다시 태어나도 선생님들의 원장이 될 거예요! 사랑해요."

매일 아침 출근할 때마다 두근두근 설렌다. 매일 봐도 지겹지 않은 나의 사무실과 학원 공간이 좋다. 밤새도록 일을 해도 가슴 설레는 나의 일인 선생님의 역할이 좋다. 그리고 엄마 역할도 물론 재미있고, 아내 역할도 좋다.

아이들의 변화와 성장을 위해 내가 할 수 있는 아주 작은 일, 화장실 청소, 학생들의 이름을 불러 주며 어깨가 처진 학생의 어깨를 펴 주는 행동 하나하나가 나에게는 큰 의미가 있고 또 보람 된다.

작은 일일지라도 내가 직접 움직이며 보여 주는 사랑과 배려는 나를 만족하게 하고, 즐겁게 만든다.

끝없는 도전과 나를 돌아보는 순간

지금도 항상 아이들과 학부모님들에게 진심 어린 칭찬과 마음을 전하며 일상 속에서 더 나아지기 위해 새로운 도전을 이어 가고 있다. 함께 단어를 익히고 수학을 어려워하는 친구들에게 원인을 찾아서 해결해 주고, 자신감 없는 친구들에게도 매일 작은 칭찬 찾아 응원하며 서로 소통하는 이 순간은 나를 더욱더 움직이게 하고 또 매일 성장하게 만든다.

학생들과 학부모님들이 나를 믿고 학원을 찾아 주신 만큼 나도 그 믿음에 보답하기 위해 최선을 다하고 있다. 작은 말이라도 눈높이에서 귀 기울이며 정성을 다해 들어 주고 또 따뜻한 미소로 맞이하고 공감해 준다. 학생 개개인의 다름을 인정하며 꿈을 찾아가는 모습을 지켜보며 응원하고, 또 지켜보는 것은 내가 매일 느끼는 보람이자 큰 행복이다.

아이들에게 주는 작은 칭찬과 조언, 어깨를 펴 주는 작은 손길이 쌓여 내 안에 고스란히 사랑과 성취로 돌아온다. 이러한 시간 속에서 나는 언제나 나 자신을 돌아보고, 격려하며 감사함을 느낀다.
"다시 태어나도 이 길을 걷고 싶어."라는 믿음과 사랑이 나를 부지런하게 더 움직이게 만든다.

나의 이야기와 교육에 대한 철학

어렸을 때 나는 조용하고 내성적인 아이였다. 혼자 있는 시간도 즐길 줄 알고, 기다릴 줄 아는 성격이었고, 트리플 A형이라는 혈액형의 특성처럼 조용하면서도 성숙한 성향을 가진 아이였다. 하지만 학년이 올라가면서 점차 활발 명랑해지고 적극적으로 변하기 시작했다.

공부에 대한 욕심이 많았던 나였기에 수업 시간 몰입 집중해서 듣고 바로 복습하는 습관 덕분에 중학교 시절 공부하는 방법을 터득할 수 있었고, 그 결과 좋은 성과를 이루어 냈다. 특히, 운동이나 게임 같은 활동에서도 항상 최선을 다해야 한다는 성격 덕분에 경쟁 속에서도 끊임없이 도전하며 성장했다.

이러한 성향과 경험이 바탕이 되어 학원 교육 사업을 시작하면서 지금까지 꾸준히 잘 경영해 온 성장형 학원장 중 한 명이 되었다.

특히, 결혼 생활을 시작하며 미래 내 아이의 교육을 위해 유대인들의 육아 교육 서적을 많이 읽었다. 그래서 세 아이들 모두 책을 좋아하며 꾸준하게 독서로 세상 살아가는 방법들을 알게 하고, 또 자연을 사랑하고 사람을 좋아하는 인성 좋은 아이들로 자랄 수 있도록 가정 교육을 시켰다. 이런 철저한 교육 덕분에 세 아이들은 원하는 학교에 합격했고, 각자의 진로에 맞게 사회에서 자신의 역할을 잘 수행하며 대학까지 잘 다니고 있다.

세 아이들의 교육 경험을 바탕으로 체계적인 교육 커리큘럼을 만들었고, 이를 학원 교육에 접목할 수 있었다. 또한, 교육학적 전문성을 쌓기 위해 교육대학원에 진학하여 몇 년간 학습하며 교육학 석사 과정도 수료하였다.

졸업식 날 총장님이 해 주신 말씀을 아직도 가슴속에 깊이 간직하고 있다.

"이제 졸업생들이 해야 하는 일은 사회에 나아가 윤리를 가르치는 일입니다."

이 말씀을 되새기며, 항상 예의와 인성 교육을 더 중요시 여기며 지도하고 있다. 살면서 가장 중요한 것은 바로 예의다.

선한 영향력과 나아가는 길

지난 18년 동안 나는 아이들과 선생님들에게 긍정적이고 선한 영향력을 펼치며 살아왔다. 항상 오늘보다 내일 더 나은 사람이 되고 공부하고 또 지도한다.

"우린 매일 조금씩 나아지며 잘하고 있어. 우린 결국 해낼 거야."

내성적이고 조용했던 아이가 크고 작은 실수들로 여러 깨달음들을 통해 지금의 경쾌하고 밝은 나로 성장하기까지, 세상의 그 모든 배움들이 나를 더 강하고 탄탄하게 만들어 주었다. 사랑하는 나의 공간인 이 자리에서 최선을 다하며 아이들의 꿈을 찾아주고, 그 꿈이 이루어질 수 있도록 도와주는 멋진 선생님으로 남고 싶다.

난 지금도 매일 감사와 움직임의 힘으로
하루를 시작하며 마무리한다

퇴근하는 길, 불 꺼진 교실들을 바라보며 마음이 고요해진다.

"사랑하는 제자들, 그리고 선생님들 모두 수고 많으셨습니다. 사랑합니다."

이 말과 함께 오늘 하루를 마무리하고, 감사함 가득 안고 집으로 돌아간다.

난 다짐한다. 지금까지 무탈하게 잘 걸어온 나와 함께, 앞으로도 매일 더 나은 나와 함께 더 나아지며 나아갈 것이다.

책을 쓰면서 변하기 시작하다

김정훈

누군가 돕고자 하는 마음에 책을 썼다. 책 수익금을 기부하는 일이 당연한 일이라고 여겼다. 기부라는 좋은 취지에서 책 홍보를 하고 사람들의 반응을 기대했지만, 현실은 기대와 달랐다. 그때 알았다, 아무리 선한 의도와 목적을 가져도 무명 작가에게 현실의 벽은 여전히 높다는 사실을. 평소 누나와 매형에게서 책에 관한 의견을 주고받는 사이였기에, 이 상황을 논의했다.

새로 생기는 도서관에 기부하는 것은 어떻냐고 매형이 물었다. 도서관 개관을 앞두고 기부라는 취지가 잘 맞을 것 같아 바로 도서관에 연락했다. 자초지종을 설명하며 출판된 책과 기부금에 관해 언급하자, 도서관 직원이 이렇게 답했다.

"아, 그러세요. 그런데 저희는 별도로 기부를 받지 않습니다. 기부와 관련된 부서도 없고요."

예상치 못한 답변에 당황하지 않을 수 없었다. 책을 기부하는 것은 좋지만 기부금은 필요 없다는 듯한 말에 나는 곧 심드렁해졌다.

농담 섞인 말이지만, 만약 100억이라도 기부하겠다고 했다면 반응이 달랐을까? 누이가 다른 제안을 했다.

"늘푸름학교에 기부하는 것은 어떠니?"

누나는 20년간 성인 교육 봉사를 이어 오며 그 공로를 인정받았고, 늘푸름학교에서 영어를 가르쳐 왔다. 그래서 학교에 대한 믿음과 애정이 남달랐다. 나는 흔쾌히 동의했고, 곧 학교 원장님을 만났다. 원장님의 친절한 안내로 수업받는 어르신들의 모습을 볼 수 있었다.

"소중한 50만 원은 졸업반 학생들에게 선물로 사용할게요. 저자님의 이름도 꼭 기재할 거고요."

원장님은 할머니, 할아버지 학생들에게 뜻깊은 선물이 될 것이라며 기뻐했다. 그 환한 미소에 나 역시 한껏 기뻤다. 누군가에게 의미 있는 일을 할 수 있다는 게 얼마나 큰 기쁨인지 새삼 깨달았다. 이런 경험이 내게 자극이 되었을까? 11월 어느 일요일 오후, 광화문 교보문고에서 나는 또 다른 나를 발견했다.

교보문고 입구로 들어가기 전, 나무 계단처럼 꾸며진 장소의 중간쯤에 내 책들을 늘어놓았다. 손 글씨로 적은 종이를 올려 두었다.

"무료 책입니다. 책값은 각자가 원하는 곳에 기부하면 좋겠어요!"

일요일 저녁 시간이라 행인이 적고, 책에 관심을 보이는 사람도 없어 괜한 일을 했나 싶던 찰나, 한 청년이 새처럼 책을 낚아채더니 빠르게 계단 아래로 내려갔다. 혹시 내가 책과 너무 가까이 붙어 있어 사람들이 부담을 느끼는 건 아닐까 싶어, 조금 떨어져 상황을 지켜보기로 했다.

    그럼에도 상황이 나아지지 않아 포기하려는 순간, 교보문고 주변의 네온사인과 계단 옆 디스플레이 전등이 하나둘 켜졌다. 은은하면서도 적당한 밝기의 조명이 내 책과 손 글씨를 비추자, 그때부터 책이 사람들의 손에 하나둘 쥐여지는 게 아닌가? 잠시 쓸쓸했던 내 마음은 따뜻한 온기로 채워졌다. 자연스레 입가에 미소도 떠올랐다. 누군가가 가치를 발견하리라는 기대를 품고 귀가하는 내내 발걸음이 한층 가벼웠다.

    인생에서 나는 세 번의 중요한 전환점을 맞이했다. 첫째, 막노동자로 일하면서 유학의 길을 포기하지 않았을 때. 둘째, 한국에서 직장을 버리고 무작정 일본에서 시작하려 했을 때. 마지막으로, 죽음의 문턱 앞에서 데일 카네기를 만났을 때였다. 아마 지금도 또 하나의 전환점을 맞이하고 있는 듯하다. 그것은 진심으로 누군가를 돕고 싶다는 마음에서 행동으로 옮긴 날이기 때문이다. 내 오른쪽 주머니 속에는 작은 행복이 꿈틀거리며 빛을 머금고 있다. 새로운 여정이 시작될 것 같은 기분이다.

    "중요한 것은 당신이 무엇을 보느냐가 아니라, 그것을 어떻게 보느냐이다."

- 헨리 데이비드

지금 인생이 힘들다면
이 방법으로 결단해도 좋다

황상열

2024년 가을, 엄청난 소식이 들려왔다. 한국 최초로 노벨 문학상 수상자가 나왔다. 바로 『채식주의자』, 『작별하지 않는다』 등을 쓴 한강 작가가 바로 그 주인공이다. 가히 한강 작가 열풍이다. 다른 책은 팔리지 않아도 한강 작가가 쓴 책이 100만 부 이상이 팔렸다고 들었다. 인세로만 몇십 억이다. 전업 작가를 꿈꾸는 나도 저렇게 되길 원하지만, 그림의 떡이다. 어떤 분야든 1% 이내 탁월한 사람이 존재하기 마련이다.

저렇게 성공한 작가가 된 그녀도 지금도 글을 쓰는 행위가 어렵고, 새로운 소설을 낼 때마다 고통을 겪는다고 말한다. 『작별하지 않는다』라는 책도 정해진 기간에 써야 하는데, 글이 써지지 않아 괴로운 날을 보냈다. 아직 원고를 시작하지 못했는데, 시간은 계속 흘러갔다. 자신이 의도한 대로 써지지 않으면 작가는 숨이 막힌다. 한강 작가까지 아니지만, 10년 차 글을 쓰다 보면 한 글자도 못 쓰는 날도 많았다.

그녀가 이 문제를 해결하기 위해서 에어비앤비 집을 하나 구했다. 아무래도 집이 익숙하다 보니 환경을 바꾸면 새로운 마음으로 글이 더 잘 써질까 하는 기대였다. 하지만 에어비앤비 집에 들어가서도 한 문장을 쓰다가 지우다 반복했다. 머리가 너무 복잡하고, 기대한 만큼 원고가 나오지 않다 보니 그에 상응하는 스트레스도 심해졌다. 그녀는 내려놓고 특단의 조치를 취했다.

숫자 1,000까지 쓰고 1,000일을 살아 보기로 결심했다. 인생이 힘든 시기에는 너무 길게 생각하면 좋지 않다고 느꼈다. 1,000일을 다이어리에 표시하고, 하루가 지나면 숫자를 지워 나간다. 1,000일이면 약 3년이라는 시간이다. 너무 괴로운 일이 생기면 사실 일상생활을 하기가 쉽지 않다. 그래도 해야 할 일이 있어서 현명한 사람은 지금 오늘 닥친 일부터 해결하기 위해 노력한다.

한강 작가도 원고를 오늘 다 쓰거나 전체를 쓰지 못했더라도 하루가 지나면 숫자를 지운다고 언급했다. 그렇게 2일, 3일, 4일을 지워 나가면서 글을 쓴다. 즉, 오늘 하루에 쓸 원고에만 집중했다. 나머지는 신경 쓰지 않았다.

올해 상반기에 참 많은 일을 겪고 나서 느낀 것은 '살아 있는 동안 내가 하는 일, 만나는 사람이나 가족에게 잘하고, 오늘 하루만 충실하게 꼼꼼하게 살자.'이다. 위에 날짜를 적고 무탈하게 하루를 잘 보냈다면 그 날짜를 하나씩 지웠다. 그게 1년이 아니 3년이 모이면, 적어도 성공까지 아니지만 훨씬 더 성장할 거라 믿고 있다.

7월 말부터 지금까지 딱 하나만 지켰다. 오늘 하루만 제발 무사히 지나가게 해 주면 뭐든 다 하겠다고 하늘에 소리쳤다. 무탈하게 지내면 건강하다는 의미와 같다. 마음이나 몸의 스트레스를 그때그때 풀어야 한다는 이야기다. 아직도 앞으로 어떤 일이 벌어질지 예상되지 않아 불안하지만 무탈하게 하루를 보냈다고 생각하면 달력에 있는 오늘 날짜를 지우고 잔다.

책 쓰기도 마찬가지다. 너무 급하게 가지 않기로 했다. 하루에 하나씩 원고만 쓰자고 다짐했다. 3개월 동안 쓰자고 결심하고, 하나씩 쓸 때마다 날짜를 지웠다. 그렇게 하다 보니 3개월이 채 되지도 않았는데, 원고가 완성되었다.

힘든 시기에는 멀리 내다볼 수 있는 여유가 없어진다. 조급해지니 사람 마음이 쫓기게 되어 있다. 이런 상황이면 절대로 인생이 바뀌지 않는다. 변화를 가져오기 위해서 지금 상황이 좋지 않거나 자신의 처지가 힘들면 잠시 내려놓아도 괜찮다. 그저 한강 작가가 말한 것처럼 최소 3년만 날짜를 지워 가면서 자신만의 근사한 인생을 시작해도 좋다. 아니, 딱 1년만, 365일만 힘을 내 보자고 하면서 하루씩 지워 나가도 좋다.

이미 과거는 지나갔다. 미래는 아직 오지 않았다. 오로지 지금 내가 있는 곳은 바로 지금 여기다. '오늘만 딱 살고 다음 날 일은 다음 날 걱정하자'는 마인드만 장착하면 힘들어도 참을 수 있다. 딱 지금 여기에 몰두한다. 유명한 축구 선수 손흥민도 시합이 끝나면 푹

휴식을 취하고, 다시 훈련하는 단순하고 재미없는 일상을 보내고 있다. 한 인터뷰에서 그날의 훈련이나 시합에만 집중한다고 했다. 하루하루 집중하고 지워 나가는 인생이다.

지금 사는 것이 힘들다면 오늘 하루 자신이 할 수 있는 것에만 집중하자. 그렇게 보냈다면 날짜를 지우자. 그렇게 최소 1~3년을 지내다 보면 근사한 인생을 분명히 만날 수 있다.

에필로그

김지윤

이 책을 읽는 당신도 마지막 책장을 덮을 즈음 나만의 글쓰기에 한 걸음 도전해 보기 바란다. 남들에게 좋은 사람이라는 인정을 받기 위해 다른 사람의 기분을 살피며 전전긍긍해하던 나는 이제 '내가 바라보는 나'와 '내가 바라는 나'에 집중하고 있다. 글을 쓰기 시작한 예전보다 훨씬 자유롭고 활기차다. 마치 밤의 시간에서 낮의 시간으로 나의 인생 시계가 바뀐 것처럼….

최홍미

내가 원하는 삶을 알아내는 방법은 독서였다. 내가 뭘 해야 할지, 어떻게 하면 인생 2막을 찬란하게 살 수 있을까? 답을 찾은 곳은 도서관이다. 책 속의 문장 한 줄이 꿈을 심어 주고 때로는 위로해 주었다. 불완전한 시대 불안함을 느낀다면 도서관에 가자! 그곳에서 삶의 기적을 만날 수 있다.

연미영

40대에 중반 갑자기 찾아온 퇴직으로 일상은 달라졌지만, 글을 쓸 수 있는 시간은 늘어나게 되었다. 몇 년 전 온라인 수업으로 참가하게 된 글쓰기 수업이 책 쓰기로 연결될 줄은 몰랐는데, 이번 일을 계기로 글 쓰는 일이 설레는 일이라는 것을 알게 되었다.
처음 쓰는 글이 독자들에게 읽히게 된다는 것이 설레고 어색하지만, 이 글을 읽고 누군가 나와 함께 공감하게 된다면 정말 기쁠 것 같다.

김정훈

오늘도 우리는 더 나은 자신을 위해 무언가 더 하려고 애쓰는 중일 것이다. 유튜버 '신사임당(주언규: 『킵고잉』, 『인생은 실전이다』, 『슈퍼노멀』 저자)'은 스스로 자신을 돕고 타인을 도와 성공시킨 인물 중 한 사람이다. 그가 말하는 인생 리셋을 위해 무조건적으로 해야 하는 일은 시간을 확보하고, 목표를 설정하고, 자신이 해야 할 일을 하고, 운동, 공부, 독서를 반복적으로 하라고 한다. 읽어야 할 책들을 읽기만 하면 되는 것이다. 오늘 읽을 책을 내일로 미루지 말자.

강성희

사람이 살아가며 생기는 크고 작은 문제점들이 있다. 해답을 찾기 어려웠던 삶의 문제를 다양한 사람들과의 대화를 통해 내가 가진 아집의 틀을 깰 수 있었다. 당신이 가진 문제의 해답을 찾기 위해

당장 밖으로 나가 사람들을 만나라는 말이 아니다. 한 줄의 글을 통해 자신의 문제를 객관적으로 바라볼 수 있는 용기와 마음을 찾았으면 좋겠다. 모두에게 한 번뿐인 인생. 자신의 아집을 깨고 생각의 즐거움과 삶의 애틋함을 깨달았으면 한다.

홍성화

더 나은 내가 되기 위한 네 가지 원칙에 대해 글을 쓰면서 가장 큰 혜택을 받은 사람 역시 나다. 바쁜 일상 속에서 오롯이 나 자신을 돌아볼 시간이 늘 부족하다고 여겼다. 글을 쓰는 동안만큼은 나만 생각하고, 진짜 나를 만날 수 있었다. 내면을 깊이 들여다보고 삶의 바른 방향을 찾고 싶다면, 이 책을 읽어 보기를 바란다. 평범한 주부인 나도 나만의 원칙을 갖고 나아가고 있으니 당신은 더 잘할 수 있다. 믿어라! 어제의 당신보다 오늘 더 나은 당신을 만나게 될 테니.

양지욱

이번 글을 쓰면서 묘비명 문구를 다시 작성했다. '양지욱 작가 (1965~2085): 몸은 59세에 머물렀다. 죽는 날까지 펜을 놓지 않았다.' 라고. 어린 시절의 꿈은 단순한 환상이 아니라, 우리가 이루고자 하는 삶의 본질과 방향을 알려 주는 나침반이다. 과거의 순수한 열정을 되찾아 그것을 현실로 만들어 가는 과정이 자기 계발의 핵심이다. 좋아하는 일을 찾아 꾸준히 노력한다면 누구나 자신만의 빛나는 결과물을 만들어 낼 수 있다. 당신에게 글이 삶이 되길.

최경희

자신을 잘 돌보는 사람들은 일상에서의 행복한 순간들을 자주 경험한다. 그렇게 되기까지의 과정에는 고통과 슬픔과 좌절, 포기, 회피 등이 있지 않았을까? 우리는 더 나아지기 위해 지금 이 순간을 선택했다. 읽고, 생각하고, 나누고, 쓰고. 이제 온전히 우리 자신에게 시간을 내어 줄 차례다. 조용히 우리의 행복을 맞이하는 순간이 온다.

조경희

세 아이를 키우며 매일 고민했고, 또 즐겁게 공부시킬 방법들을 밤새우며 연구하고 적용해서 이뤄 낸 세 아이 교육 성공 방법들을 가지고 도전했다. 잘못된 투자로 맡은 교육 사업에 뛰어든 위험한 초보 학원장의 교육 사업 위기를 매일 더 나아지기 위한 방법들로 실행해서 이겨 냈다. 위기를 극복할 수 있었던 유연하고 꼼꼼한 실행력 덕분에 18년이 지난 지금까지 적성을 제대로 찾은 교육학 석사. 매일 가슴 설레며 맞이하는 오늘에는 항상 사랑하는 아이들이 있다.

김정후

주변 사람들을 떠나보내며 시간의 유한함과 마주할 때, 문득 내게 남은 시간이 많지 않음을 깨닫는다. 그렇게 우리는 끝없이 리셋 되는 존재처럼, 잠시 머물다 흘러가는 한 세대에 불과하다. 모든 것을 잠시 빌려 쓰고, 제자리에 돌려 놓은 뒤 사라지는 존재. 영원히 머무를 수 없는 존재이기에, 유한한 시간이 오히려 더 소중하게 느껴지는 것이 아닐까? 판단은 각자의 몫이리라. 다만, 웃는 자기 모습을 어디에서 찾을 수 있을지 상상할 수 있다면, 그 모습이 옳고 그름을 떠나 이미 당신의 미래임을 나는 믿어 의심치 않는다.

황상열
자신의 인생이 잘 풀리지 않아 좌절하거나 감정의 소용돌이에 빠진 사람들에게 꿈, 도구, 습관, 결단의 이 네 가지 도구를 장착하라고 권하고 싶다. 단지 꿈만 꾸는 게 아니라, 그 꿈을 향한 도구를 찾아서 결단하여 습관으로 이어지게 한다면 반드시 자신의 인생을 바꿀 수 있다고 믿는다. 감정의 찌꺼기에서 벗어날 수 있다. 새로운 희망을 품을 수 있다. 그대의 이름으로 네 가지 도구를 통해 근사한 인생을 만들어 가는 것은 어떨까?